U0908268

根据《中华人民共和国公职人员政务处分法》编写

政务处分知识百问

王　程　吴德慧◎编著

中国出版集团
中国民主法制出版社
全国百佳图书出版单位

图书在版编目(CIP)数据

政务处分知识百问 / 王程,吴德慧编著. —北京 :
中国民主法制出版社,2021.1

ISBN 978-7-5162-2371-0

Ⅰ. ①政… Ⅱ. ①王… ②吴… Ⅲ. ①国家机关工作人员—行政处罚法—中国—问题解答 Ⅳ. ①D922.112.5

中国版本图书馆 CIP 数据核字(2020)第 258448 号

图书出品人: 刘海涛
出 版 统 筹: 石 松
责 任 编 辑: 姜 华 高文鹏

书　　名 / 政务处分知识百问
作　　者 / 王 程 吴德慧 编著

出版·发行 / 中国民主法制出版社
地址 / 北京市丰台区右安门外玉林里 7 号(100069)
电话 / (010)63055259(总编室) 63058068 63057714(营销中心)
传真 / (010)63055259
http: //www.npcpub.com
E-mail: mzfz@npcpub.com
经销 / 新华书店
开本 / 16 开 710 毫米×1000 毫米
印张 / 13.5 **字数** / 189 千字
版本 / 2021 年 1 月第 1 版 2021 年 1 月第 1 次印刷
印刷 / 三河市祥宏印务有限公司

书号 / ISBN 978-7-5162-2371-0
定价 / 48.00 元

前　言

2020年6月20日，十三届全国人大常委会第十九次会议审议通过《中华人民共和国公职人员政务处分法》(简称《政务处分法》)。这是一部规范监察机关的政务处分活动、完善国家监察制度的重要法律，是深化国家监察体制改革的重要制度成果，构筑起惩戒公职人员违法行为的严密法网。

《政务处分法》出台前，关于公职人员处分的情形、适用规则、程序等方面的规定，散见于公务员法、法官法、检察官法、行政机关公务员处分条例、事业单位工作人员处分暂行规定等法律法规规章中，缺乏统一规定，制约了处分工作的规范开展。《政务处分法》参照现行公务员、事业单位工作人员处分以及党纪的有关规定，总结实际经验，对政务处分的原则、种类、适用规则、公职人员违法行为及其应当给予的政务处分、政务处分的程序以及不服政务处分决定的救济程序等作了具体规定，全面、系统地规范了政务处分制度，为监察机关实施政务处分提供法律依据。同时，这部法律明确公职人员任免机关、单位对违法的公职人员给予处分适用其中第二章、第三章关于种类、适用规则、公职人员违法行为及其适用的政务处分的规定，进一步完善了公务员、国有企业、事业单位管理人员等的处分制度。可以说，《政务处分法》为公职人员监督管理提供了集成统一的可操作性依据，兼顾了实体规定和程序设计，尤其是设定处分决定主体的法律责任和注重被处分对象的权利保障，有利于提升政务处分工作的法治化、规范化水平。

习近平总书记强调，深化国家监察体制改革的初心，就是要把增强对公权力和公职人员的监督全覆盖、有效性作为着力点。《政务处分法》全面贯彻国家监察体制改革精神，依据监察法有关规定，把所有行使公权力的公职人员全部纳入政务处分范围，在制度设计上着力提高政务处分的有效性和针对性。《政务处分法》顺应监察全覆盖对政务处分工作提出的新要求，对于所有的公职人员，在共同违法责任承担、从轻或者减轻情节、从重情节、违法所得追缴、政务处分自动解除等方面，作了统一的规定，体现了共同的严要求。同时，对于不同类型的公职人员，根据其身份、职业等特点，在处分后果上作了有针对性的规定，以保证政务处分的有效性，力求真正发挥政务处分的震慑作用。

制定《政务处分法》，有利于加强对公职人员的管理监督，督促公职人员依法行使公权力，建设一支政治坚定、为民服务、勤政务实、敢于担当、清正廉洁的公职人员队伍。本书紧紧围绕《政务处分法》规定设置问题100个，以问答的形式对其精神实质、核心要义及本质内容进行全方位、深层次解读，涉及条文理解适用、界限把握、政策解读等相关问题，具有较强的知识性、针对性、实用性和指导性，对于规范公职人员的公权活动，实现全面从严治党治吏，推进国家治理体系和治理能力现代化，具有积极意义。

习近平总书记指出："法律的生命力在于实施，法律的权威也在于实施。"执行《政务处分法》，应当坚持"法立，有犯而必施；令出，唯行而不返"。公职人员的任免机关、单位和各级监察机关要认真落实《政务处分法》的要求，加强日常监督，及时发现公职人员苗头性、倾向性问题，依法对其进行谈话提醒、批评教育等；严格执法，增强制度刚性，对公职人员违法行为坚决查处、严肃追责，强化震慑效应，不断释放全面从严的强烈信号。要教育监督公职人员牢记手中的权力是党和人民赋予的，是上下左右有界受控的，切不可随心所欲、为所欲为，使法律要求真正转化为公职人员的日常习惯和自觉遵循，做到秉公用权、依法用权、廉洁用权、为民用权。

目　录

第一章　总　则

1. 制定《政务处分法》的意义是什么？

2020年6月20日，第十三届全国人民代表大会常务委员会第十九次会议通过了《中华人民共和国公职人员政务处分法》（以下简称《政务处分法》）。这是中华人民共和国成立以来第一部全面系统规范公职人员政务处分工作的国家法律，将国家监察体制改革提出的实现对所有行使公权力的公职人员监察全覆盖的要求进一步具体化，对坚持和加强党的全面领导，强化对权力运行的制约和监督，构建一体推进不敢腐、不能腐、不想腐体制机制具有重要意义。

（一）坚持和加强党的全面领导的重要举措

中国特色社会主义最本质的特征是中国共产党领导，中国特色社会主义制度的最大优势是中国共产党领导，党是最高政治领导力量。党政军民学，东西南北中，党是领导一切的。党管干部是坚持党的领导的重要原则。作为执政党，我们党不仅管干部的培养、提拔、使用，还必须对干部进行教育、管理、监督，对党员干部和公职人员的违纪违法行为进行查处。公职人员是中国特色社会主义事业的中坚力量，在国家治理体系中处于特殊重要位置。制定《政务处分法》，加强对公职人员的管理监督，有利于督促公职人员依法行使公权力，建设一支政治坚定、为民服务、勤政务实、敢于担当、清正廉洁的公职人员队伍，增强党的领导能力，提高治国理政水平。在这里要特别指出的是，《政务处分法》将宪法确立的坚持党的领导的基本要求具体化、制度化、法律化，强化对公职人员的管理和监督，使自觉坚持和切实维护党的领导成为公职人员的法律义务，为有效发挥中国共产党领导这一最大制度优势提供有力的法治保障。

（二）坚持和完善党和国家监督体系的内在要求

党的十九届四中全会《决定》对坚持和完善中国特色社会主义制度、推进国家治理体系和治理能力现代化作出专门部署，明确提出健全党统一领导、全面覆盖、权威高效的监督体系。深入贯彻党的十九届四中全会精神，制定《政务处分法》，强化对所有行使公权力的公职人员监督，是完善党和国家监督体系的具体实践。

《政务处分法》的出台，使对公职人员违法行为的政务处分匹配党纪处分、衔接刑事处罚，构筑起惩治职务违法的严密法网。《政务处分法》将法定的监察对象全面纳入政务处分范围，明确公职人员任免机关、单位和监察机关的责任，有利于增强监督严肃性、协同性、有效性。处分机关对有违法行为的公职人员，根据情节轻重依法给予政务处分，对情节轻微的，可以进行谈话提醒、批评教育、责令检查或者予以诫勉，有利于强化日常监督，实现抓早抓小、防微杜渐，促进广大公职人员依法履职、秉公用权、廉洁从政从业、坚持道德操守。

（三）一体推进不敢腐、不能腐、不想腐体制机制的重要体现

《政务处分法》明确公职人员应受政务处分的违法情形，划定行为底线，有利于强化不敢腐的震慑，推动公职人员敬畏法律，实现因敬畏而不敢腐；将监察全覆盖的要求具体化，强化日常监督，促进执

纪执法贯通、有效衔接司法，有利于督促公职人员依法履职尽责，推动实现因制度而不能腐；明确要求任免机关、单位加强对公职人员的教育、管理和监督，督促公职人员提升思想觉悟、涵养廉洁文化，有利于引导公职人员树立和强化依法用权意识，坚持道德操守，推动实现因觉悟而不想腐。

《政务处分法》充分体现了以“三不”一体理念思路推进反腐败斗争，深化标本兼治的精神，使广大公职人员因敬畏而“不敢”，因制度而“不能”，因觉悟而“不想”。不敢、不能、不想是一个有机整体。在该法施行过程中，要把握好不敢、不能、不想的整体性以及相互之间的内在联系，坚持一体推进的理念、思路和方法，增强标本兼治效果。

2. 政务处分与处分的区别是什么？

《中华人民共和国监察法》（简称《监察法》）第十一条第三项规定，监察机关对违法的公职人员依法作出政务处分决定。《政务处分法》第二条规定，该法适用于监察机关对违法的公职人员给予政务处分的活动，且该法第二章、第三章适用于公职人员任免机关、单位对违法的公职人员给予处分。也就是说，目前对公职人员的惩戒，既有政务处分，又有处分。这些规定确立了政务处分与处分双轨并行的二元处分体制。

在《监察法》出台前，我国对违法违纪的公务员、事业单位工作人员的惩戒称为处分，依据是公务员法、法官法、检察官法、《行政机关公务员处分条例》《事业单位工作人员处分暂行规定》等法律、行政法规和规章。国有企业中由行政机关任命的人员违法违纪参照《行政机关公务员处分条例》给予处分，其他管理人员按照企业规章制度给予惩戒。国家监察体制改革后，监察机关统一行使监察权，对所有行使公权力的公职人员实现监察全覆盖，《监察法》规定监察机关对违法的公职人员依法作出政务处分决定。

《政务处分法》中，政务处分和处分制度有分有合，并行不悖。所谓“合”，一是在适用范围上，实现公职人员全覆盖。政务处分和处分覆盖《监察法》第十五条规定的六类人员。二是违法情形上实现统一。任免机关、单位可以适用《政务处分法》的规定作出处分决定。其他法律有特别规定或者新的规定的，监察机关和公职人员任免机关、单位都可以适用。三是种类和适用规则上实现统一。

所谓“分”，一是指名称上，监察机关作出的惩戒称为政务处分，公职人员任免机关、单位作出的惩戒称为处分。二是监察机关和公职人员任免机关、单位按照管理权限对违法的公职人员给予政务处分和处分，但是对公职人员的同一违法行为，不得重复给予政务处分和处分，就是“一过不能两罚”；《政务处分法》规定，监察机关发现公职人员任免机关、单位应当给予处分而未给予，或者给予的处分违法、不当的，应当及时提出监察建议。

另外，政务处分和处分的程序、救济制度也有不同。监察机关作出政务处分，适用《政务处分法》的程序；任免机关、单位作出处分决定，适用公务员法、法官法、检察官法，以及《行政机关公务员处分条例》《事业单位工作人员处分暂行规定》等规定的程序。在救济制度上，公职人员对监察机关作出的政务处分决定不服，可以依法申请复审、复核；公职人员对任免机关、单位作出的处分决定不服，可以依法复核、申诉。

监察机关和公职人员任免机关、单位要坚守职能定位，严格依法、保持沟通、积极作为，确保政务处分与处分既各得其所又协调有序，将二元处分体制的制度优势转化为实实在在的治理效能。

3.《监察法》规定的公职人员包括哪几类？

《政务处分法》第二条规定，本法所称公职人员，是指《监察法》第十五条规定的人员。根据《监察法》第十五条之规定，公职人员主要包括六种类型：公务员和参公管理人员；法律、法规授权或者受国家机关依法委托管理公共事务的组织中从事公务的人员；国有企业管理人员；公办的教育、科研、文化、医疗卫生、体育等单位中从事管理的人员；基层群众性自治组织中从事管理的人员；其他依法履行公职的人员。

（一）公务员和参公管理人员

公务员和参照公务员法管理的人员，包括中国共产党各级机关的公务员；各级人民代表大会及常务委员会机关、人民政府、监察委员会、人民法院、人民检察院的公务员；中国人民政治协商会议各级委员会机关的公务员；民主党派机关和工商业联合会机关的公务员；参照《中华人民共和国公务员法》（简称《公务员法》）管理的人员。

公务员和参公管理人员，是监察对象中的关键和重点。

根据《公务员法》的规定，公务员是指依法履行公职、纳入国家行政编制、由国家财政负担工资福利的工作人员。主要包括以下几类：一是中国共产党机关公务员。包括中央和地方各级党委、纪律检查委员会的领导人员；中央和地方各级党委工作部门、办事机构和派出机构的工作人员；中央和地方各级纪律检查委员会机关和派出机构的工作人员；街道、乡、镇党委机关的工作人员。二是人民代表大会及其常务委员会机关公务员。包括县级以上各级人民代表大会常务委员会领导人员，乡、镇人民代表大会主席、副主席；县级以上各级人民代表大会常务委员会工作机构和办事机构的工作人员；各级人民代表大会专门委员会办事机构的工作人员。三是人民政府公务员。包括各级人民政府的领导人员；县级以上各级人民政府工作部门和派出机构的工作人员；乡、镇人民政府机关的工作人员。四是监察委员会公务员。包括各级监察委员会的组成人员；各级监察委员会内设机构和派出监察机构的工作人员，派出的监察专员等。五是人民法院公务员。包括最高人民法院和地方各级人民法院的法官、审判辅助人员；最高人民法院和地方各级人民法院的司法行政人员等。六是人民检察院公务员。包括最高人民检察院和地方各级人民检察院的检察官、检察辅助人员；最高人民检察院和地方各级人民检察院的司法行政人员等。七是中国人民政治协商会议各级委员会机关公务员。包括中国人民政治协商会议各级委员会的领导人员；中国人民政治协商会议各级委员会工作机构的工作人员。八是民主党派机关和工商业联合会机关公务员。包括中国国民党革命委员会中央和地方各级委员会，中国民主同盟中央和地方各级委员会，中国民主建国会中央和地方各级委员会，中国民主促进会中央和地方各级委员会，中国农工民主党中央和地方各级委员会，中国致公党中央和地方各级委员会，九三学社中央和地方各级委员会，台湾民主自治同盟中央和地方各级委员会的公务员，以及中华全国工商业联合会和地方各级工商联等单位的公务员。

参照《公务员法》管理的人员，是指根据公务员法规定，法律、法规授权的具有公共事务管理职能的事业单位中除工勤人员以外的工作人员，经批准参照公务员法进行管理的人员。列入参照公务员法管理范围，应当严格按照规定的条件、程序和权限进行审批。

（二）法律、法规授权或者受国家机关依法委托管理公共事务的组织中从事公务的人员

法律、法规授权或者受国家机关依法委托管理公共事务的组织中从事公务的人员，主要是指除参公管理以外的其他管理公共事务的事业单位的工作人员，包括银行保险、证券等监督管理机构的工作人员，注册会计师协会、医师协会等具有公共事务管理职能的行业协会的工作人员，以及法定检验检测检疫鉴定机构的工作人员等。

（三）国有企业管理人员

作为监察对象的国有企业管理人员，主要包括两大群体。一是国有独资企业、国有控股企业（含国有独资金融企业和国有控股金融企业）及其分支机构的领导班子成员。包括设董事会的企业中由国有股权代表出任的董事长、副董事长、董事，总经理、副总经理，党委书记、副书记、纪委书记，工会主席等；未设董事会的企业的总经理（总裁）、副总经理（副总裁），党委书记、副书记、纪委书记，工会主席等。二是对国有资产负有经营管理责任的国有企业中层和基层管理人员。包括部门经理、部门副经理、总监、副总监、车间负责人等；在管理、监督国有财产等重要岗位上工作的人员，包括会计、出纳人员等；国有企业所属事业单位领导人员，国有资本参股企业和金融机构中对国有资产负有经营管理责任的人员。他们也应当理解为国有企业管理人员的范畴，涉嫌职务违法和职务犯罪的，监察机关可以依法调查。

（四）公办的教育、科研、文化、医疗卫生、体育等单位中从事管理的人员

教育、科研、文化、医疗卫生、体育等领域一方面是我们党依法

执政、通过各级政府履行社会管理职能的重要内容，另一方面也是涉及广大人民群众相关民生问题的重要内容，这些领域出了问题，直接影响到人民群众的获得感，影响党的执政基础。将公办的教育、科研、文化、医疗卫生、体育等单位中从事管理的人员纳入监察对象范畴，有利于加强党对反腐败工作的集中统一领导，实现对公权力监督的全覆盖，巩固扩大反腐败斗争成果，不断增强人民群众获得感。

作为监察对象的公办的教育、科研、文化、医疗卫生、体育等单位中从事管理的人员，主要是该单位及其分支机构的领导班子成员，以及该单位及其分支机构中的国家工作人员。公办教育、科研、文化、医疗卫生、体育等单位及其分支机构中层和基层管理人员，包括管理岗六级以上职员，从事与职权相联系的管理事务的其他职员；在管理、监督国有财产等重要岗位上工作的人员，包括会计、出纳人员，采购、基建部门人员涉嫌职务违法和职务犯罪，监察机关可以依法调查。此外，根据2008年11月20日最高人民法院、最高人民检察院《关于办理商业贿赂刑事案件适用法律若干问题的意见》（法发〔2008〕33号）规定，临时从事与职权相联系的管理事务，包括依法组建的评标委员会、竞争性谈判采购中谈判小组、询价采购中询价小组的组成人员，在招标、政府采购等事项的评标或者采购活动中，利用职权实施的职务违法和职务犯罪行为，监察机关也可以依法调查。

（五）基层群众性自治组织中从事管理的人员

作为监察对象的基层群众性自治组织中从事管理的人员，包括村民委员会、居民委员会的主任、副主任和委员，以及其他受委托从事管理的人员。根据有关法律和立法解释，这里的“从事管理”，主要是指以下几个方面的工作：救灾、抢险、防汛、优抚、扶贫、移民、救济款物的管理；社会捐助公益事业款物的管理；国有土地的经营和管理；土地征用补偿费用的管理；代征、代缴税款；有关计划生育、户籍、征兵工作；协助人民政府等国家机关在基层群众性自治组织中从事的其他管理工作。

（六）其他依法履行公职的人员

为了防止出现对监察对象列举不全的情况，避免挂一漏万，《监察法》设定了这个兜底条款。值得注意的是，尽管《监察法》对监察对象范围设置了兜底条款，但是不能无限制地把不应该属于监察对象的人员也纳入监察范围，必须从深化国家监察体制改革的初心出发，聚焦行使公权力这个根本，科学、正确地界定监察对象范围。

4. 监察机关如何履行对公职人员的管理权限？

《监察法》第十一条规定，监察委员会依照本法和有关法律规定履行监督、调查、处置职责，对公职人员开展廉政教育，对其依法履职、秉公用权、廉洁从政从业以及道德操守情况进行监督检查；对公职人员涉嫌职务违法和职务犯罪问题进行调查；对违法的公职人员依法作出政务处分决定；等等。《政务处分法》第三条进一步指出了监察机关的监督和处置职责："监察机关应当按照管理权限，加强对公职人员的监督，依法给予违法的公职人员政务处分。"

监督是监察机关的首要职责。监察机关代表党和国家，依照宪法、监察法和有关法律法规，监督所有公职人员行使公权力的行为是否正确，确保权力不被滥用、确保权力在阳光下运行，把权力关进制度的笼子。监察机关履行监督职责的方式包括教育和检查。廉政教育是防止公职人员发生腐败的基础性工作。廉政教育的根本内容是加强理想信念教育，使公职人员牢固树立马克思主义的世界观、人生观、价值观和正确的权力观、地位观、利益观，使讲规矩、守法律成为公职人员的自觉行动，不断增强不想腐的自觉。监督检查的方法包括列席或者召集会议、听取工作汇报、实施检查或者调阅、审查文件和资料等，内容是公职人员依法履职、秉公用权、廉洁从政从业以及道德操守情况。

对违法的公职人员依照法定程序作出政务处分决定，是《监察法》赋予监察机关的一项重要处置职责。制定《政务处分法》是保障监察机关依法行使政务处分权、完善国家监察制度的重要举措，为监察机关实施政务处分提供了法律依据。

在这里要强调的是，监察机关给予政务处分时要准确把握处分依据，在实践中应注意以下两点。一是关于监察机关可否依照《政务处分法》之外的法律给予政务处分。公职人员的违法行为发生、连续或者继续到2020年7月1日之后的，应当依照《政务处分法》给予其政务处分，但如2020年7月1日之前施行的法律对该违法行为适用的处分有更为具体、对应性更精准的特别规定，或者2020年7月1日之后颁布的法律对该违法行为适用的处分作出新的规定的，依照《立法法》第九十二条关于“特别法优于一般法”和“新法优于旧法”的规定，可以直接依照该法律作出政务处分，但政务处分的种类、期间、适用规则等须依照《政务处分法》第二章执行。二是关于监察机关可否依照法规、规章给予政务处分。公职人员的违法行为发生、连续或者继续到2020年7月1日之后的，如该违法行为在《政务处分法》第三章“违法行为及其适用的政务处分”中没有明确具体的对应性条款予以规定，而法规、规章中有相应具体规定的，监察机关可以依照该法规、规章的规定给予政务处分。与此相应，公职人员任免机关、单位也可以依照该法规、规章的规定对违法的公职人员给予处分。

此外，需要指出的是，除《政务处分法》外，其他法律、法规、规章中明确规定对公职人员的某些违法行为“依法给予处分”“应当给予处分”“给予行政处分”“给予处分”或者给予××（具体处分种类）处分的，相应规定可以作为监察机关作出政务处分的依据。

5. 公职人员任免机关、单位如何履行对公职人员的管理权限？

加强对公职人员的监督，主体责任是前提，监督责任是保障，两者相互作用、形成合力。《政务处分法》将任免机关、单位的主体责任和监察机关的监督责任以法律的形式规定下来，明确了处分与政务处分双轨并行的处分体制。《政务处分法》第三条第一款规定：“监察机关应当按照管理权限，加强对公职人员的监督，依法给予违法的公职人员政务处分。”第二款规定：“公职人员任免机关、单位应当按照管理权限，加强对公职人员的教育、管理、监督，依法给予违法的公职人员处分。”

监察机关和公职人员的任免机关、单位对公职人员监督、管理均负有法定职责，政务处分与处分作为监督、管理的重要手段，既有惩罚功能，又有教育和引导功能，是构建不敢腐、不能腐、不想腐长效机制的重要内容。政务处分与处分都是对违法公职人员的责任追究措施，共同服务于促进公职人员依法履职、秉公用权、廉洁从政从业、坚持道德操守，二者目标一致、功能互补。二者的区别主要体现为主体不同，政务处分主体是监察机关，处分的主体是公职人员任免机关、单位。任免机关、单位给予所管的公职人员处分，与公务员法等现行法律法规的规定保持了协调衔接。监察机关给予政务处分，则是国家监察体制改革的一项重大制度创新。二者按照不同的管理权限分别对违法的公职人员给予处分或者政务处分，体现了监督全覆盖的本质要求。

政务处分与处分存在许多共通之处。根据《政务处分法》的规定，政务处分与处分在种类、期间、适用的违法情形，从重、从轻或者减轻、免予或者不予处分，违法利益的处理等方面是完全一致的，确保了有同样违法行为的公职人员，不因实施机关、单位的不同而受到轻重不同的责任追究，体现了责任追究的公正性。之所以要分别规定监察机关政务处分权和任免机关、单位处分权，主要是体现主体责任和监督责任的贯通协同，政务处分是监察机关履行监督调查处置职责的重要内容，而对违法的公职人员依法进行处分，则是任免机关、单位履行主体责任的重要抓手，是其对所属公职人员进行教育、管理、监督的题中应有之义。

6. 如何理解监察机关的监察建议？

建议权是指监察机关在检查、调查的基础上，就一定的事项向被监察部门和人员或者有处理权的有关机关提出处理问题及改进工作的建议的权力。监察建议，是监察机关在依法履行职责过程中，根据监督、调查结果，针对监察对象所在单位廉政建设和履行职责存在的问题等，向有关单位提出的具有法律效力的建议。

监察建议是以法律的刚性约束推动问题整改到位的重要措施。根据中央纪委国家监委法规室编写的《〈中华人民共和国监察法〉释义》，监察机关遇有下列情形时，可以提出监察建议：拒不执行法律、法规或者违反法律、法规，应当予以纠正的；有关单位作出的决定、命令、指示违反法律、法规或者国家政策，应当予以纠正或者撤销的；给国家利益、集体利益和公民合法权益造成损害，需要采取补救措施的；录用、任免、奖惩决定明显不适当，应当予以纠正的；依照有关法律、法规的规定，应当给予处罚的；需要完善廉政建设制度的；等等。对于与公职人员处分相关的监察建议，《政务处分法》第三条第三款规定：“监察机关发现公职人员任免机关、单位应当给予处分而未给予，或者给予的处分违法、不当的，应当及时提出监察建议。”

监察建议不是一般的工作建议，更不是“温情提示”，要敢于动真碰硬，直击问题根源，让监察对象所在单位感到“辣味”，要把贯彻执行的标准有效传达，开出治病根、管长远的“药方”，督促责任单位堵塞廉政漏洞，规范权力运行。必要时可以引述《监察法》第六十二条对关于拒不采纳监察建议的法律责任之规定，把责任说在前面，督促监察对象所在单位以案为鉴，加强监督管理。但需要注意的是，监察机关不干涉监察对象所在单位的日常工作，监察建议一般不涉及监察对象所在单位主责主业的正常运转，提出监察建议的目的是做好监督、调查的“后一半工作”，强化对公权力运行的监督。

对待监察建议，被建议单位不能当“磨盘”，不推不动或推一下动一下。必须从思想认识上认真对待，做深做实整改“后半篇文章”。要积极主动出击，深入剖析问题成因。特别要注重以点带面、举一反三，通过梳理归纳问题开出有针对性的药方，力求达到落实一次监察建议，不仅仅是查办一起案件，更能够解决一类问题。要深入查找制度机制上的短板、漏洞，及时准确高效“用药”，推动形成研究问题、推进整改、完善制度的良性循环，达到管根本、管长远的效果。

7. 政务处分的原则、方针和要求是什么？

关于给予公职人员政务处分的原则，《政务处分法》第四条规定：

“给予公职人员政务处分，坚持党管干部原则，集体讨论决定；坚持法律面前一律平等，以事实为根据，以法律为准绳，给予的政务处分与违法行为的性质、情节、危害程度相当；坚持惩戒与教育相结合，宽严相济。”

坚持党管干部原则，集体讨论决定。公职人员在我国国家治理体系中处于特殊重要位置，给予公职人员政务处分，应当坚持党管干部原则，严格按照干部管理权限履行批准手续。开展政务处分工作，应当坚持民主集中制，集体讨论作出决定，不允许任何个人或者少数人擅自决定和批准；同时，也必须实行正确的集中，保证政务处分的决定、批准等决策得到有效的执行。

坚持法律面前一律平等，以事实为根据，以法律为准绳，给予的政务处分与违法行为的性质、情节、危害程度相当。公民在法律面前一律平等是我国宪法的规定，政务处分工作同样要遵循这一基本原则。以事实为根据，就是据以定案的事实，必须以收集到的证据所证实的案件事实为根据；以法律为准绳，就是在查明案件事实的基础上，以法律为尺度来衡量案件的具体事实和情节，按照法律的规定对案件作出正确处理。开展政务处分工作时，要在准确判定违法行为性质、情节、危害程度的基础上，全面考虑、统筹兼顾各方面因素，在法律规定的幅度内，恰当地确定对违法行为人的政务处分种类。

坚持惩戒与教育相结合，宽严相济。惩前毖后、治病救人，是我们党的一贯方针。坚持惩戒与教育相结合、宽严相济原则，是惩前毖后、治病救人方针在政务处分工作中的具体体现。惩治本身不是目的，而是挽救和教育违法公职人员的一种手段。对违法的公职人员，既不能失之于宽，也不能片面从严，而是要根据具体情况，实行区别对待，做到该宽则宽、当严则严，宽严相济。

关于给予公职人员政务处分的方针，《政务处分法》第五条规定：

“给予公职人员政务处分，应当事实清楚、证据确凿、定性准确、处理恰当、程序合法、手续完备。”在“二十四字”方针中，事实清楚是定性处理的基础，证据确凿是认定案件事实的前提，定性准确是正确给予政务处分的关键，处理恰当是结果和目的，程序合法、手续完备是处理恰当的制度保证。这一方针是衡量政务处分工作的重要标准，是在政务处分工作中贯彻党的路线方针政策和正确运用法律的重要保证。

关于给予公职人员政务处分的要求，《政务处分法》第六条规定：“公职人员依法履行职责受法律保护，非因法定事由、非经法定程序，不受政务处分。”这一要求是法治理念和法治思维在政务处分工作中的具体体现。公职人员依法履行职责的行为受法律保护，对公职人员的政务处分必须依法实施。一方面，据以作出政务处分的违法情形应当法定，无法定事由不受政务处分；另一方面，对法律责任的追究应当按照法定的程序进行。只有符合正当程序要求，才能促进依法开展政务处分，保护被处分人的合法权益。

第二章 政务处分的种类和适用

8. 政务处分的种类有哪些，影响期为多久？

《监察法》第十一条、第四十五条规定，监察机关根据监督、调查结果，对违法的公职人员依照法定程序作出政务处分决定。创设政务处分制度，覆盖包括行政机关公务员在内的所有行使公权力的公职人员，填补了对公职人员违法行为进行责任追究的制度空白，是健全完善党和国家监督体系的应有之义。

在充分借鉴已有制度、总结实践经验的基础上，《监察法》第四十五条规定政务处分的种类为警告、记过、记大过、降级、撤职、开除等六类。《政务处分法》第七条规定的处分种类与《监察法》的规定保持了一致，同时，第八条对不同种类政务处分规定了相应的政务处分期间，警告为六个月，记过为十二个月，记大过为十八个月，降级、撤职为二十四个月。《政务处分法》规定的六类政务处分以及相应的政务处分期间，由轻到重，构建了完善的阶梯化的政务处分档次体系，符合政务处分实践工作的需要，也符合惩戒与教育相结合、宽严相济的原则。

政务处分关系公职人员切身利益，对公职人员有重要影响，监察机关要准确运用《政务处分法》规定的政务处分适用规则，合理把握应当给予的政务处分种类，着力提高政务处分工作的精准性。在开展政务处分工作中，要做到既坚持原则、严肃追责，又区别情况、分类处理，根据公职人员违法的不同情况，准确区分问题性质、责任大小、过错轻重和危害程度等，确定应当给予的政务处分种类。

9. 对共同违法和集体违法行为，如何适用政务处分？

《政务处分法》在总结借鉴相关处分类党内法规和法律法规的基础上，系统规定了政务处分适用规则，包括共同违法行为的政务处分适用、集体实施违法行为的政务处分适用等规则。

共同违法是指二个以上行为人为追求同一违法结果，完成同一违法事实而实施的相互联系、相互配合的违法行为，这一违法行为与违法结果之间存在因果关系。因此，从本质上看，共同违法行为属于实质意义上的“一事”或“一个行为”，而非“多事”或“多个行为”。集体违法是指机关、单位、组织经过领导班子集体研究决定或者由负责人员决定实施的违法行为。对于共同违法和集体违法行为的处理，《政务处分法》第九条规定：“公职人员二人以上共同违法，根据各自在违法行为中所起的作用和应当承担的法律责任，分别给予政务处分。”第十条规定：“有关机关、单位、组织集体作出的决定违法或者实施违法行为的，对负有责任的领导人员和直接责任人员中的公职人员依法给予政务处分。”

10. 从重、从轻或减轻给予政务处分的情形分别包括哪些？

对于从重、从轻或者减轻给予政务处分的适用，《政务处分法》

也作了明确规定。这些处分适用规则体现了惩前毖后、治病救人的精神和实事求是、过罚相当的原则，并彰显对公职人员的教育、引导作用。

从重给予政务处分，是指在《政务处分法》规定的违法行为应当受到的政务处分幅度内，选择较重的处分种类给予处分。《政务处分法》第十三条规定了应当从重给予政务处分的几种情形：在政务处分期内再次故意违法，应当受到政务处分的；阻止他人检举、提供证据的；串供或者伪造、隐匿、毁灭证据的；包庇同案人员的；胁迫、唆使他人实施违法行为的；拒不上交或者退赔违法所得的；法律、法规规定的其他从重情节。

根据《政务处分法》第十一条规定，可以从轻或者减轻给予政务处分的有以下几种情形：主动交代本人应当受到政务处分的违法行为的；配合调查，如实说明本人违法事实的；检举他人违纪违法行为，经查证属实的；主动采取措施，有效避免、挽回损失或者消除不良影响的；在共同违法行为中起次要或者辅助作用的；主动上交或者退赔违法所得的；法律、法规规定的其他从轻或者减轻情节。

11. 可免予或不予政务处分的情形包括哪些？

对于免予或者不予政务处分的情形，《政务处分法》第十二条也作出了规定："公职人员违法行为情节轻微，且具有本法第十一条规定的情形之一的，可以对其进行谈话提醒、批评教育、责令检查或者予以诫勉，免予或者不予政务处分。"同时规定："公职人员因不明真相被裹挟或者被胁迫参与违法活动，经批评教育后确有悔改表现的，可以减轻、免予或者不予政务处分。"

关于免予、不予政务处分如何区分适用，在这里要说明一下。依照《政务处分法》第十二条规定，免予政务处分和不予政务处分的适用条件基本相同。在确定作出免予或者不予政务处分决定时，监察机关应当根据该公职人员违法行为的性质、情节、危害程度，结合其悔改表现等情况，综合分析研判后，与拟同时对其进行谈话提醒、批评教育、责令检查或者予以诫勉 4 种处理方式的选择确定一并考虑，若拟同时对其予以诫勉的，一般可以免予政务处分；若拟同时对其予以谈话提醒（批评教育、责令检查）的，一般可以不予政务处分。

12. 公职人员犯罪，如何给予政务处分？

《政务处分法》第十四条从实体上明确了公职人员犯罪的应当如何给予政务处分，包括被判处刑罚、被人民检察院依法作出不起诉决定或者人民法院依法免予刑事处罚等不同情形的处分衔接。其中第十四条第一款规定，公职人员犯罪，有下列情形之一的，予以开除：因故意犯罪被判处管制、拘役或者有期徒刑以上刑罚（含宣告缓刑）的；因过失犯罪被判处有期徒刑，刑期超过三年的；因犯罪被单处或者并处剥夺政治权利的。第二款规定，因过失犯罪被判处管制、拘役或者三年以下有期徒刑的，一般应当予以开除；案件情况特殊，予以撤职更为适当的，可以不予开除，但是应当报请上一级机关批准。第三款规定，公职人员因犯罪被单处罚金，或者犯罪情节轻微，人民检察院依法作出不起诉决定或者人民法院依法免予刑事处罚的，予以撤职；造成不良影响的，予以开除。

13. 对两个以上违法行为，如何适用政务处分？

对于公职人员同时有两个以上违法行为，如何给予政务处分的问题，

《政务处分法》第十五条规定："公职人员有两个以上违法行为的，应当分别确定政务处分。应当给予两种以上政务处分的，执行其中最重的政务处分；应当给予撤职以下多个相同政务处分的，可以在一个政务处分期以上、多个政务处分期之和以下确定政务处分期，但是最长不得超过四十八个月。"

需要指出的是，政务处分合并处理应符合三个条件。一是违法公职人员必须有两个以上违法行为，且违法行为需属不同性质的违法行为，不包括同一性质的违法行为。二是两个以上的违法行为依据《政务处分法》的规定必须都是应当受到政务处分的违法行为。如果其中一个违法行为按照规定不应当受到政务处分，则不存在适用合并处理的问题。三是监察机关在作出政务处分决定前发现该公职人员有两个以上应当受到政务处分的违法行为。如果公职人员存在两个违法行为，其中一个违法行为已经处理结束、执行完毕的，此时该公职人员发生新的违法行为或监察机关发现该公职人员存在遗漏的违法行为，不能适用合并处理。

14. 对同一违法行为，如何适用政务处分与处分？

《政务处分法》第十六条规定："对公职人员的同一违法行为，监察机关和公职人员任免机关、单位不得重复给予政务处分和处分。"也就是说，对公职人员的同一违法行为，要么给予政务处分，要么给予处分，不能同时适用。这避免了对同一违法行为的重复评价，符合一事不二罚的法治精神。

在实施政务处分与处分时，监察机关与公职人员任免机关、单位要积极沟通协调，避免工作冲突。对违法的公职人员是给予政务处分还是处分，要根据干部管理权限以及违法案件由哪个主体调查处置更为合适等因素统筹把握，不能有本位主义。在实践中，既要防止任免机关、单位对违法公职人员抢先处分，规避监察机关政务处分的情况，也要避免监察机关大包大揽，不加区分都给予政务处分的情况。如果任免机关、单位给予的处分违法、不当的，监察机关应当提出监察建议予以纠正。

15. 怎样理解组织处理或组织调整与政务处分并用的规定?

有关组织处理或组织调整与政务处分并用的规定，《政务处分法》第十七条规定："公职人员有违法行为，有关机关依照规定给予组织处理的，监察机关可以同时给予政务处分。"第十八条规定："担任领导职务的公职人员有违法行为，被罢免、撤销、免去或者辞去领导职务的，监察机关可以同时给予政务处分。"也就是说，监察机关在作出政务处分前后，有关机关可以对违法的公职人员给予组织处理。担任领导职务的公职人员，不能因违法被罢免、撤职、免去或者辞去领导职务就不给予其政务处分。

16. 政务处分的影响和后果包括哪些?

《政务处分法》针对不同种类的处分，设定了从六个月到二十四个月不等的处分期间。按照《政务处分法》第十九条至二十四条的规定，因违法行为受到政务处分后，公职人员在晋升职务、职级和工资薪酬待遇等方面，将受到程度、持续时间不同的影响，受到降级、撤职处分的还要被降低工资级别、职务层次、职级等。

对于不同类型的公职人员，《政务处分法》根据其身份、职业等特点，在处分后果上作了有针对性的规定，以保证政务处分的有效性。其中第十九条规定："公务员以及参照《中华人民共和国公务员法》管理的人员在政务处分期内，不得晋升职务、职级、衔级和级别；其中，被记过、记大过、降级、撤职的，不得晋升工资档次。被撤职的，按照规定降低职务、职级、衔级和级别，同时降低工资和待遇。"第二十条规定："法律、法规授权或者受国家机关依法委托管理公共事务的组织中从事公务的人员，以及公办的教育、科研、文化、医疗卫生、体育等单位中从事管理的人员，在政务处分期内，不得晋升职务、岗位和职员等级、职称；其中，被记过、记大过、降级、撤职的，不得晋升薪酬待遇等级。被撤职的，降低职务、岗位或者职员等级，同时降低薪酬待遇。"第二十一条规定："国有企业管理人员在政务处分期内，不得晋升职务、岗位等级和职称；其中，被记过、记大过、降级、撤职的，不得晋升薪酬待遇等级。被撤职的，降低职务或者岗位等级，同时降低薪酬待遇。"第二十二条规定："基层群众性自治组织中从事管理的人员有违法行为的，监察机关可以予以警告、记过、记大过。基层群众性自治组织中从事管理的人员受到政务处分的，应当由县级或者乡镇人民政府根据具体情况减发或者扣发补贴、奖金。"第二十三条第一款规定："《中华人民共和国监察法》第十五条第六项规定的人员有违法行为的，监察机关可以予以警告、记过、记大过。情节严重的，由所在单位直接给予或者监察机关建议有关机关、单位给予降低薪酬待遇、调离岗位、解除人事关系或者劳动关系等处理。"第二款规定："《中华人民共和国监察法》第十五条第二项规定的人员，未担任公务员、参照《中华人民共和国公务员法》管理的人员、事业单位工作人员或者国有企业人员职务的，对其违法行为依照前款规定处理。"

对于被开除，或者依照《政务处分法》第二十三条规定，受到解除人事关系或者劳动关系处理的公职人员，不得录用为公务员以及参照《公务员法》管理的人员。另外，公职人员被开除的，自政务处分决定生效之日起，应当解除其与所在机关、单位的人事关系或者劳动关系。

公职人员受到开除以外的政务处分，在政务处分期内有悔改表现，并且没有再发生应当给予政务处分的违法行为的，政务处分期满后自动解除，晋升职务、职级、衔级、级别、岗位和职员等级、职称、薪酬待遇不再受原政务处分影响。但是，解除降级、撤职的，不恢复原职务、职级、衔级、级别、岗位和职员等级、职称、薪酬待遇。

17. 受到政务处分后的利益追缴机制是怎样的？

对于公职人员受到政务处分后的利益追缴机制，《政务处分法》第二十五条明确规定："公职人员违法取得的财物和用于违法行为的本人财物，除依法应当由其他机关没收、追缴或者责令退赔的，由监察机关没收、追缴或者责令退赔；应当退还原所有人或者原持有人的，依法予以退还；属于国家财产或者不应当退还以及无法退还的，上缴国库。公职人员因违法行为获得的职务、职级、衔级、级别、岗位和职员等级、职称、待遇、资格、学历、学位、荣誉、奖励等其他利益，监察机关应当建议有关机关、单位、组织按规定予以纠正。"公职人员即使已经退休、离职甚至死亡，其违法行为一旦被发现并依法查处，对其违法取得的财物等仍然要依法作出没收、追缴或者责令退赔等处理，并且要相应调整其享受的待遇。这些制度设计，使违法的公职人员在经济等利益方面付出相应的代价，使之不敢以身试法，实际上起到了防止、减少公职人员违法行为的目的。

18. 对退休、离职或死亡的公职人员，如何适用政务处分？

公职人员退休后，因不属于公务员、参公管理人员和不再从事公务，所以不再属于公职人员，也就不能再受到对公职人员的各种政务处分。公职人员退休后，虽已不是公职人员，但其在职时实施的职务违法、职务犯罪行为，属于监察机关管辖范围，不能因为其已退休，就逃脱纪律和法律的处罚。

党的十八大以来，不少辞职或退休的原公职人员被查处，敲响了执法无禁区的警钟。对此，《政务处分法》第二十七条第一款规定："已经退休的公职人员退休前或者退休后有违法行为的，不再给予政务处分，但是可以对其立案调查；依法应当予以降级、撤职、开除的，应当按照规定相应调整其享受的待遇，对其违法取得的财物和用于违法行为的本人财物依照本法第二十五条的规定处理。"第二款规定："已经离职或者死亡的公职人员在履职期间有违法行为的，依照前款规定处理。"这项规定释放了执法必严、违法必究的强烈信号，有利于引导广大公职人员不逾矩、不越轨、不突破法律底线。

第三章 违法行为及其适用的政务处分

19. 散布有损宪法权威的言论，如何给予政务处分？

宪法是立国之根基、治国之圭臬、强国之重器，宪法与国家前途、民族命运、人民幸福息息相关。什么时候我们切实尊重和有效实施宪法，人民当家作主就有保证，党和国家事业就能顺利发展；什么时候宪法受到漠视、削弱甚至破坏，人民权利和自由就无法保证，党和国家事业就会遭受挫折。维护宪法权威，就是维护党和人民共同意志的权威；捍卫宪法尊严，就是捍卫党和人民共同意志的尊严。宪法序言规定："全国各族人民、一切国家机关和武装力量、各政党和各社会团体、各企业事业组织，都必须以宪法为根本的活动准则，并且负有维护宪法尊严、保证宪法实施的职责。"《政务处分法》第二十八条第一款规定，散布有损宪法权威的言论的，予以记过或者记大过；情节较重的，予以降级或者撤职；情节严重的，予以开除。

我国宪法以国家根本法的形式，确认了中国特色社会主义道路、中国特色社会主义理论体系、中国特色社会主义制度、中国特色社会主义文化的发展成果，反映了我国各族人民的共同意志和根本利益。我国宪法是党的主张、人民意志和国家意志的高度统一，是党的指导思想、基本理论、基本路线、基本方略、重大战略决策宪法化的集中体现，是保证党和国家长治久安、进行伟大斗争、建设伟大工程、推进伟大事业、实现伟大梦想的根本法律基础和宪制保障，具有最高法律权威。宪法权威是法治权威的最高体现，是指宪法得到社会普遍认同、自觉遵守、有效维护的理念与理由，尤其体现为宪法对公权力和所有国家生活产生的拘束力和规范力。深化依法治国实践，必须树立和维护宪法的最高权威，维护宪法尊严，保证宪法实施，养成严格崇敬宪法、遵守宪法、维护宪法的习惯与文化，使宪法和法律成为人们普遍遵守的行为规范，是建设法治中国必须解决的首要问题。

宪法的根基在于发自内心的拥护，宪法的伟力在于出自真诚的信仰。从设立国家宪法日，在全社会弘扬宪法精神，到决定公开进行宪法宣誓，激励和教育国家工作人员忠于宪法、遵守宪法、维护宪法。党的十八大以来，以习近平同志为核心的党中央高度重视宪法在治国理政中的重要地位和作用，采取一系列措施加强宪法实施和监督工作，维护宪法法律权威。全党全社会宪法意识更加强固、宪法自信更加坚定、宪法自觉更加彰显，“依宪治国”从观念力量转化为推动社会发展进步的现实动力，助推法治中国建设取得了历史性成就。

走好新时代的长征路，要求每个人都成为宪法的忠实崇尚者、自觉遵守者、坚定捍卫者。无论是推进全面依法治国、推进国家治理体系和治理能力现代化，还是实现“两个一百年”奋斗目标、实现中华民族伟大复兴的中国梦，都离不开宪法提供政治保证和法治保障。只有大力弘扬宪法精神、社会主义法治精神，更好发挥宪法的规范、引领、推动、保障作用，才能更好地凝聚新时代的奋斗伟力、干好新时代的伟大事业。

20. 散布有损中国共产党领导的言论，如何给予政务处分?

坚持中国共产党的领导是当代中国的最高政治原则，是实现中华民族伟大复兴的关键所在。一个时期以来，一些公职人员不敢理直气壮讲中国共产党的领导，对党的领导语焉不详甚至有意散布有损党的领导的言论，造成了不良影响。《政务处分法》第二十八条第一款规定，散布有损中国共产党领导的言论的，予以记过或者记大过；情节较重的，予以降级或者撤职；情节严重的，予以开除。第三款规定，公开发表反对中国共产党领导的文章、演说、宣言、声明等的，予以开除。

首先要强调的是，中国共产党的领导地位不是自封的，而是中国人民在长期奋斗中得出的基本结论。近代以来，中国人民面临着争取民族独立、人民解放和实现国家富强、人民富裕这两大历史任务。百年来，党团结带领全国各族人民完成新民主主义革命、社会主义革命，进行改革开放新的伟大革命，为实现两大历史任务不懈奋斗。特别是党的十八大以来，在以习近平同志为核心的党中央坚强领导下，中国特色社会主义进入了新时代，迎来了从站起来、富起来到强起来的伟大飞跃，充分证明历史和人民选择中国共产党领导中华民族伟大复兴是正确的抉择。从浴血奋斗闯出一条“农村包围城市，武装夺取政权”的革命之路，到自力更生铺就一条社会主义建设之路，再到矢志创新开启中国特色社会主义道路，“坚持党的领导”始终鲜明写在高高飘扬的党旗上。历史已经证明并将继续证明，中国共产党的领导是党和国家的根本所在、命脉所在，是全国各族人民的利益所在、幸福所在。

党的十九大报告指出，中国共产党的领导是中国特色社会主义最本质的特征，是中国特色社会主义制度的最大优势。没有中国共产党领导，就没有中国特色社会主义道路、理论、制度和文化。党的领导直接决定着中国特色社会主义的性质，根本保证了中国特色社会主义不变色、不变质。之所以说中国共产党领导是“最大优势”，可以从西方之乱和中国之治的鲜明对比中找到答案。我们坚持发挥党总揽全局、协调各方的领导核心作用，有效防止了群龙无首、一盘散沙的现象；我们坚持一切权力属于人民，有效防止了选举时漫天许诺、选举后无人过问的现象；我们坚持和完善民主集中制，有效防止了相互掣肘、内耗严重的现象。一直以来，总有人竭力鼓吹西方模式，主张照抄照搬别国制度，妄图削弱乃至动摇党的领导。但我们保持政治定力，牢牢坚持党对一切工作的领导，用“风景这边独好”的中国奇迹宣告了“历史终结论”的破产。这就是为什么在谈到新的历史条件下科学社会主义基本原则的具体体现时，习近平总书记一再强调，首要的一条，就是中国共产党的领导。党的十八大以来，以习近平同志为核心的党中央果断提出坚持和改善党的领导的重大政治要求，改革和完善党的领导体制机制，增强了全党思想上统一、政治上团结、行动上一致，为党和国家事业发展提供了坚强政治保证。

坚持党的领导是党章和宪法明文规定的，是坚持四项基本原则的核心要求，是决定党和国家命运的重大政治原则，是立国之本、强国之基。在捍卫中国共产党的领导这一点上，党内法规有着更为严格的规定。《中国共产党纪律处分条例》第四十五条规定：“通过网络、广播、电视、报刊、传单、书籍等，或者利用讲座、论坛、报告会、座谈会等方式，公开发表坚持资产阶级自由化立场、反对四项基本原则，反对党的改革开放决策的文章、演说、宣言、声明等的，给予开除党籍处分。”第四十六条规定，通过网络、广播、电视、报刊、传单、书籍等，或者利用讲座、论坛、报告会、座谈会等方式，公开发表违背四项基本原则，违背、歪曲党的改革开放决策，或者其他有严重政治问题的文章、演说、宣言、声明等的，视情节轻重给予警告直至开除党籍处分。第五十八条规定：“组织、参加旨在反对党的领导、反对社会主义制度或者敌视政府等组织的，对策划者、组织者和骨干分子，给予开除党籍处分。”

21. 散布有损国家声誉的言论，如何给予政务处分？

近年来，随着社会交往的增多、通信手段的不断丰富和网络自媒体的繁荣，个别公职人员出于各种目的和动机，或有意或无意，在微信朋友圈里，在微博上，在餐桌上，在各种场合，口无遮拦，信口开河，随意散布有损国家声誉的言论，损害了党和政府在人民群众中的威信。对这些行为，《中国共产党纪律处分条例》第四十六条明确规定，通过网络、广播、电视、报刊、传单、书籍等，或利用讲座、论坛、报告会、座谈会等方式丑化党和国家形象，视情节轻重给予警告直至开除党籍处分。《政务处分法》规定，散布有损中国共产党领导和国家声誉的言论的，予以记过或者记大过；情节较重的，予以降级或者撤职；情节严重的，予以开除。

国家声誉和形象是人民群众对国家的总体印象和综合评价。“水能载舟亦能覆舟”“民心如海，滴水汇成汪洋；民利如山，寸土累积成巍峨”“天地之间有杆秤，秤砣是咱老百姓”……这些常常挂在人们嘴边的名言警句，无不时刻提醒我们，国家声誉和形象事关人心向背，关系国家的兴衰存亡。

维护国家声誉和形象，是党的政治纪律的明确规定。《关于新形势下党内政治生活的若干准则》指出：“当人民利益受到损害、党和国家形象受到破坏、党的执政地位受到威胁时，要挺身而出、亮明态度，主动坚决开展斗争。”同时明确要求：“不准制造、传播政治谣言及丑化党和国家形象的言论。”这就要求党员干部和公职人员在管好自己的基础上，还要挺起腰杆，理直气壮地同丑化党和国家形象的言行作斗争。

在现实生活中，有的公职人员漠视自己的身份，听到社会上流传的有损国家声誉、形象的言论，不抵制、不批评，人云亦云，甚至津津乐道、调侃没完，还有的公职人员转发有损国家形象的信息。虽然说现在每个人都有言论自由，但轻信、传播谣言，不但是党的政治纪律所不允许的，同时也是法律严格禁止的。

抵制和批评社会上流传的有损国家声誉、形象的行为，是每个公职人员应尽的义务和责任。无论何时何地，面对损害国家声誉的任何言行，每个公职人员都要坚决站出来纠正抵制，理直气壮维护国家声誉和形象，旗帜鲜明表达自己的立场，通过合情合理合法的方式，纠正一些错误事实，消除一些人的认识偏差。这既是纪法意识的具体体现，也是群众工作能力水平的检验。

22. 组织、参加旨在反对宪法、中国共产党领导和国家的集会、游行、示威等活动，如何给予政务处分?

中华人民共和国公民有集会、游行、示威的自由。集会自由是指公民临时聚集于露天公共场所，发表意见、表达意愿的自由；游行自由是指公民有在公共道路、露天公共场所列队行进、表达共同意愿的自由；示威自由是指公民有在露天公共场所、公共道路上以集会、游行、静坐等方式，表达要求、抗议或者支持、声援等共同意愿的自由。

《中华人民共和国集会游行示威法》为我国公民正确行使集会、游行、示威的权利提供了法律保障，同时也为处置非法集会、游行、示威活动提供了法律依据。非法集会、游行、示威，是指违反我国集会游行示威法的规定举行集会、游行、示威并应受处罚的行为。具体表现在以下几个方面：（1）没有申请或申请未被批准而进行的行为；（2）未按照申请许可的目的、方式、标语、口号、起止时间、地点、路线及其他事项而进行的行为；（3）在进行中具有反对宪法确定的基本原则，危害国家统一、主权和领土完整，煽动民族分裂内容的行为；（4）在进行中携带武器、管制刀具和爆炸物，使用暴力或煽动使用暴力，直接危害公共安全或严重破坏社会秩序的行为；（5）国家机关工作人员组织或者参加违背有关法律、法规规定的国家机关工作人员职责、义务的集会、游行、示威的行为；（6）在本人居住地以外的城市或地方发动、组织当地公民的集会、游行、示威的行为；（7）未经本单位负责人批准，擅自以国家机关、社会团体、企业事业组织的名义组织或参加集会、游行、示威的行为。

显而易见，反对宪法、中国共产党领导和国家的集会、游行、示威是非法的，要追究参加人员的法律责任。而对于党员干部和公职人员来讲，要求更为严格。《中国共产党纪律处分条例》第五十七条第一款规定："组织、参加反对党的基本理论、基本路线、基本方略或者重大方针政策的集会、游行、示威等活动的，或者以组织讲座、论坛、报告会、座谈会等方式，反对党的基本理论、基本路线、基本方略或者重大方针政策，造成严重不良影响的，对策划者、组织者和骨干分子，给予开除党籍处分。"第二款规定："对其他参加人员或者以提供信息、资料、财物、场地等方式支持上述活动者，情节较轻的，给予警告或者严重警告处分；情节较重的，给予撤销党内职务或者留党察看处分；情节严重的，给予开除党籍处分。"第四款规定："未经组织批准参加其他集会、游行、示威等活动，情节较轻的，给予警告或者严重警告处分；情节较重的，给予撤销党内职务或者留党察看处分；情节严重的，给予开除党籍处分。"《政务处分法》第二十八条第一款第二项规定，参加旨在反对宪法、中国共产党领导和国家的集会、游行、示威等活动的，予以记过或者记大过；情节较重的，予以降级或者撤职；情节严重的，予以开除。第二款规定，对此类活动的策划者、组织者和骨干分子，予以开除。

非法集会、游行、示威，构成犯罪的，要依法追究刑事责任。《中华人民共和国刑法》（简称《刑法》）第二百九十六条规定：“举行集会、游行、示威，未依照法律规定申请或者申请未获许可，或者未按照主管机关许可的起止时间、地点、路线进行，又拒不服从解散命令，严重破坏社会秩序的，对集会、游行、示威的负责人和直接责任人员，处五年以下有期徒刑、拘役、管制或者剥夺政治权利。”

23. 拒不执行中国共产党和国家的路线方针政策、重大决策部署，如何给予政务处分？

对于拒不执行中国共产党和国家的路线方针政策的行为，《中国共产党纪律处分条例》第五十条第一款规定：“党员领导干部在本人主政的地方或者分管的部门自行其是，搞山头主义，拒不执行党中央确定的大政方针，甚至背着党中央另搞一套的，给予撤销党内职务、留党察看或者开除党籍处分。”《政务处分法》第二十八条第一款第三项规定，拒不执行或者变相不执行中国共产党和国家的路线方针政策、重大决策部署的，予以记过或者记大过；情节较重的，予以降级或者撤职；情节严重的，予以开除。

所谓的“拒不执行”，是指在党中央或者上级明确要求贯彻执行的情况下，仍然拒绝执行或者以各种理由拖延、推诿、怠于执行，导致党中央确定的大政方针在本地区本部门本单位得不到贯彻执行。中央大政方针是党中央关于治国理政所作出具有全局性战略性的重要方针政策和决策部署，关系到党中央的权威和国家长治久安，广大党员干部及公职人员都必须认真贯彻执行。拒不执行党和国家的路线方针政策、重大决策部署，甚至在背后另搞一套的行为，是分散主义、地方和部门主义的典型表现，是党纪国法决不允许的。

对党和国家的路线方针政策，不仅严禁拒不执行，而且严禁变相不执行。当前有的地方、部门和单位贯彻执行党和国家的路线方针政策、重大决策部署不坚决、不全面、不到位，以官僚主义、形式主义的错误方式应对。有的以会议贯彻会议、以文件落实文件，更有甚者索性把党中央决策部署变成标语和口号，不贯彻不落实，有的贯彻执行不力，有的在贯彻中走样。有权必有责，有责要担当。党和国家的路线方针政策、重大决策部署没有得到有效贯彻落实，必须严肃追究责任。《中国共产党问责条例》第七条第一项和第二项明确规定："党的领导弱化，'四个意识'不强，'两个维护'不力，党的基本理论、基本路线、基本方略没有得到有效贯彻执行"，给党的事业和人民利益造成严重损失，产生恶劣影响的，应当予以问责；"党的政治建设抓得不实，在重大原则问题上未能同党中央保持一致，贯彻落实党的路线方针政策和执行党中央重大决策部署不力"，造成严重后果或者恶劣影响的，应当予以问责。《中国共产党纪律处分条例》第六章"对违反政治纪律行为的处分"第五十条第二款规定："落实党中央决策部署不坚决，打折扣、搞变通，在政治上造成不良影响或者严重后果的，给予警告或者严重警告处分；情节严重的，给予撤销党内职务、留党察看或者开除党籍处分。"《政务处分法》对于变相不执行党和国家的路线方针政策、重大决策部署的行为也明确了处理规定。

一分部署，九分落实。广大公职人员要大力发扬钉钉子的精神，以踏石留印、抓铁有痕的劲头推动党和国家的路线方针政策、重大决策部署的贯彻落实，确保中央政令畅通、决策落地生根，决不允许上有政策、下有对策，决不允许有令不行、有禁不止，决不允许在贯彻执行中央大政方针和决策部署上打折扣、做选择、搞变通。

24. 组织、参加非法组织，如何给予政务处分？

组织或者参加非法组织行为，是指发起、建立或者指挥、安排、参加以反对党的领导、反对社会主义制度、危害国家安全、社会稳定、民族团结为宗旨的组织或者未经登记注册，或者被撤销登记，或者被命令解散、取缔的组织，或者是邪教组织，或者是会道门组织的行为。

对于党员干部和公职人员来说，此类行为是严格禁止的。《中国共产党纪律处分条例》第五十八条第一款规定："组织、参加旨在反对党的领导、反对社会主义制度或者敌视政府等组织的，对策划者、组织者和骨干分子，给予开除党籍处分。"第二款规定："对其他参加人员，情节较轻的，给予警告或者严重警告处分；情节较重的，给予撤销党内职务或者留党察看处分；情节严重的，给予开除党籍处分。"

《中国共产党纪律处分条例》还明确了对组织、参加会道门或者邪教组织的行为的处理规定。会道门，亦称道会门、会门道、帮会道门等，是指以宗教异端信仰为纽带的民间秘密结社，因多以教、会、道、门取名而简称"会道门"。会道门往往打着宗教、民间信仰等旗号吸引群众，发展成员，建立组织。民间信仰的某些思想常为会道门所借用，成为会道门发展的良好土壤。邪教是指冒用宗教、气功或者其他名义建立，神化首要分子，利用制造、散布歪理邪说等手段蛊惑、蒙骗他人，发展、控制成员，危害社会的非法组织。邪教大多是以传播宗教教义、拯救人类为幌子，散布谣言，且通常有一个自称开悟的具有超自然力量的教主，以秘密结社的组织形式控制群众，一般以不择手段地敛取钱财为主要目的。会道门和邪教组织不仅危害信众的身心健康，而且会危害社会安全，对我们社会的长治久安造成极大的破坏。共产党员组织、参加会道门或者邪教组织，是一种比较严重的违纪行为。《中国共产党纪律处分条例》第五十九条第一款规定，组织、参加会道门或者邪教组织的，对策划者、组织者和骨干分子，给予开除党籍处分。第二款规定，对其他参加人员视情节轻重给予警告直至开除党籍处分。第三款规定，对不明真相的参加人员，经批评教育后确有悔改表现的，可以免予处分或者不予处分。

对于上述这些行为，《公务员法》第五十九条明确要求，公务员应当遵纪守法，不得组织或者参加非法组织。《政务处分法》第二十八条第一款第四项规定，参加非法组织、非法活动的，予以记过或者记大过；情节较重的，予以降级或者撤职；情节严重的，予以开除。第二款规定，对非法组织、非法活动的策划者、组织者和骨干分子，予以开除。

整治组织、参加非法组织的问题，有几种情况值得注意。一是不符合法律规定，没有经过社团登记机关审批而擅自成立的组织都是非法组织，应该取缔。二是在非法组织中，对于旨在反对党的领导、反对社会主义制度、敌视政府和危害国家安全的，必须坚决打击。三是有的组织虽然经过社团登记机关批准，但从事党纪国法所禁止的活动的，亦应坚决惩治。四是在执纪和司法实践中，重在打击惩治策划者、组织者和骨干分子。对其他参加人员的处理，也分积极参加和一般参加两种情况，明知非法仍热衷于加入其组织的，视为积极参加。

25. 挑拨、破坏民族关系，或组织、参加民族分裂活动，如何给予政务处分？

我国是由 56 个民族组成的统一的多民族国家。历史经验一再告诉我们，团结稳定是福，分裂动乱是祸，维护民族团结和祖国统一，是国家和各族人民的最高利益所在，也是各族人民群众的生命线。在促进民族团结工作中，广大公职人员必须切实增强责任感和使命感，讲政治、讲大局，充分发挥模范带头作用，铸牢中华民族共同体意识，始终争做维护民族团结的引领者，决不允许挑拨民族关系制造事端或者参加民族分裂活动。

《中国共产党纪律处分条例》第六十条明确了三种挑拨破坏民族

关系的违纪行为，前两种是从事、参与挑拨破坏民族关系制造事端、参加民族分裂活动的行为。对这两种违纪行为给予的处分从重到轻依次是：对策划者、组织者和骨干分子，给予开除党籍处分；对其他参加人员，视情节轻重给予警告直至开除党籍处分；对不明真相被裹挟参加，经批评教育后确有悔改表现的，可以免予处分或者不予处分。第三种是其他违反党和国家民族政策的行为。对这种违纪行为，视情节轻重给予警告直至开除党籍处分。

为有效维护民族团结，保障各民族的合法权利，我国法律明确规定了破坏民族团结的违法犯罪情形。《中华人民共和国治安管理处罚法》（简称《治安管理处罚法》）第四十七条规定："煽动民族仇恨、民族歧视，或者在出版物、计算机信息网络中刊载民族歧视、侮辱内容的，处十日以上十五日以下拘留，可以并处一千元以下罚款。"《政务处分法》第二十八条第一款第五项规定，挑拨、破坏民族关系，或者参加民族分裂活动的，予以记过或者记大过；情节较重的，予以降级或者撤职；情节严重的，予以开除。第二款规定，对此类活动的策划者、组织者和骨干分子，予以开除。《刑法》第二百四十九条规定："煽动民族仇恨、民族歧视，情节严重的，处三年以下有期徒刑、拘役、管制或者剥夺政治权利；情节特别严重的，处三年以上十年以下有期徒刑。"第二百五十条规定："在出版物中刊载歧视、侮辱少数民族的内容，情节恶劣，造成严重后果的，对直接责任人员，处三年以下有期徒刑、拘役或者管制。"第二百五十一条规定："国家机关工作人员非法剥夺公民的宗教信仰自由和侵犯少数民族风俗习惯，情节严重的，处二年以下有期徒刑或者拘役。"

我们应该清醒地看到，当前国内外形势复杂多变，国外的一些敌对势力见不得我们来之不易的安定团结局面。尤其是国际上的反华敌对势力，一直蓄意挑拨我国各兄弟民族之间的亲密关系，企图分裂、肢解我们统一的社会主义祖国。他们的分裂阴谋理所当然地受到了全国各族人民的反对，不可能得逞，可是他们的破坏活动也绝不会停止。对此，广大公职人员要有清醒的认识，要时刻保持政治上的高度警惕，要带头增强政治敏锐性和政治鉴别力，深刻认识当前反分裂斗争的长期性、复杂性和尖锐性，深刻认识民族团结是各族人民的生命线，是我们做好一切工作的根本前提和保障。

26. 组织、利用宗教活动破坏民族团结和社会稳定，如何给予政务处分?

我国公民依法有宗教信仰自由。切实尊重和保护宗教信仰自由，是党和国家对待宗教问题的一项长期的基本政策。广大公职人员应团结信教群众，发挥宗教界人士和信教群众在促进经济发展和构建和谐社会中的积极作用。宗教活动必须在法律和政策范围内进行，公民在行使宗教信仰权利的同时，必须履行自己的义务。任何人不得利用宗教反对党的领导和社会主义制度，危害国家统一，破坏社会稳定和民族团结。这是不可逾越的党纪红线和法律底线。

《中国共产党纪律处分条例》第六十一条规定，对“组织、利用宗教活动反对党的路线、方针、政策和决议，破坏民族团结”的策划者、组织者和骨干分子，给予开除党籍处分。对上述行为的“其他参加人员”和“有其他违反党和国家宗教政策的行为”的人员，也要给予相应的处分；情节严重的，开除党籍。对不明真相被裹挟参加，经批评教育后确有悔改表现的，可以免予处分或者不予处分。《行政机关公务员处分条例》第十八条规定，公务员“违反国家的民族宗教政策，造成不良后果的”，给予记大过处分；情节较重的，给予降级或者撤职处分；情节严重的，给予开除处分。属于不明真相被裹挟参加，经批评教育后确有悔改表现的，可以减轻或者免予处分。《政务处分法》第二十八条第一款第六项规定，利用宗教活动破坏民族团结和社会稳定的，予以记过或者记大过；情节较重的，予以降级或者撤职；情节严重的，予以开除。第二款规定，对策划者、组织者和骨干分子，予以开除。

另外，《中华人民共和国民族区域自治法》第十一条第四款规定，任何人不得利用宗教进行破坏社会秩序、损害公民身体健康、妨碍国家教育制度的活动。《宗教事务条例》第六十三条第一款规定，宣扬、支持、资助宗教极端主义，或者利用宗教进行危害国家安全、公共安全，破坏民族团结、分裂国家和恐怖活动，侵犯公民人身权利、民主权利，妨害社会管理秩序，侵犯公私财产等违法活动，构成犯罪的，依法追究刑事责任；尚不构成犯罪的，由有关部门依法给予行政处罚；对公民、法人或者其他组织造成损失的，依法承担民事责任。

27. 在对外交往中损害国家荣誉和利益，如何给予政务处分？

随着我国经济社会不断发展，党政机关、企业事业单位在政治、经济、文化、科技等各方面的对外交往活动越来越频繁。个别公职人员在对外交往活动中，表现出有损党和国家的尊严和利益的行为，这是党纪国法不允许的。

中央纪委1988年5月23日印发的《共产党员在涉外活动中违犯纪律党纪处分的暂行规定》用14个条文对党员在涉外活动中的违纪行为进行了规制，其中第十二条规定，在涉外活动中，参与嫖娼卖淫、吸毒贩毒的，给予开除党籍处分。在国外、境外淫秽下流场所寻欢作乐的；与外国人搞不正当两性关系的，给予撤销党内职务或留党察看处分。情节严重的，给予开除党籍处分。参与赌博活动的，给予撤销党内职务或留党察看处分。情节严重的，给予开除党籍处分。第十三条规定，在国外、境外期间，多次观看淫秽影视书画的，给予党内警告或严重警告处分。对批准或组织观看者，从重处理。携带（包括托他人携带）淫秽影视书画及其他淫秽物品入境，以及进行复制、传播的，给予撤销党内职务以上的处分。这些都是涉外活动中损害国家形象和尊严的行为，每位党员都必须牢记于心。

对于党员在涉外活动中，其言行在政治上造成恶劣影响，损害党和国家尊严、利益的行为，《中国共产党纪律处分条例》第六十六条规定，给予撤销党内职务或者留党察看处分；情节严重的，给予开除党籍处分。《政务处分法》规定，公职人员在对外交往中损害国家荣誉和利益的，予以记过或者记大过；情节较重的，予以降级或者撤职；情节严重的，予以开除。

涉外活动及对外交往工作直接关系到国家的尊严和荣誉，具有很强的政治性、政策性、原则性和纪律性。不管在什么时候，作为一名公职人员，在对外交往中都应该注意维护国家的尊严、利益，决不能做任何损害国家尊严、利益的事情，否则就要受到严肃惩处。

28. 公开发表反对宪法确立的国家指导思想的言论，如何给予政务处分？

“掌握思想领导是掌握一切领导的第一位。”指导思想在国家政治生活和国家治理体系中的地位是非同寻常的。第十三届全国人民代表大会第一次会议表决通过宪法修正案，正式将科学发展观、习近平新时代中国特色社会主义思想写入宪法，把党的指导思想通过国家根本法的形式确立为国家指导思想，实现了国家指导思想的与时俱进。

宪法是国家根本法，是治国安邦的总章程，是党和人民意志的集中体现。从 1954 年我国第一部宪法诞生至今，一直处在探索实践和不断完善过程中。1982 年宪法公布施行后，根据我国改革开放和社会主义现代化的实践和发展，在党中央领导下，全国人大于 1988 年、1993 年、1999 年、2004 年，先后 4 次对 1982 年宪法即我国现行宪法的个别条款和部分内容作出必要的、也是十分重要的修正，共通过了 31 条宪法修正案，主要目的就是把党和人民创造的伟大成就和宝贵经验上升为国家宪法规定。其中，1999 年 3 月 15 日九届全国人大二次会议通过的宪法修正案第十二条将邓小平理论写进宪法，2004 年 3 月 14 日十届全国人大二次会议通过的宪法修正案第十八条将“三个代表”重要思想写进宪法，对我国改革开放和社会主义现代化建设发挥了重大指导作用。实践证明，通过修改宪法及时把党的指导思想确立为国家的指导思想，实现党的主张、国家意志、人民意愿的高度统一，对于党和国家事业发展至关重要。这是改革开放以来我们党治国理政的一条成功经验，也是我国宪法与时俱进、完善发展的内在要求和基本规律。

党的十八大以来，以习近平同志为核心的党中央坚持以马克思列宁主义、毛泽东思想、邓小平理论、“三个代表”重要思想、科学发展观为指导，坚持解放思想、实事求是、与时俱进、求真务实，坚持辩证唯物主义和历史唯物主义，紧密结合新的时代条件和实践要求，以全新的视野深化对共产党执政规律、社会主义建设规律、人类社会发展规律的认识，进行艰辛理论探索，取得重大理论创新成果，创立了习近平新时代中国特色社会主义思想。党的十九大通过的党章修正案，以党内根本法的形式确立了习近平新时代中国特色社会主义思想为全党的指导思想，实现了党的指导思想与时俱进。通过修改宪法，以国家根本法的形式确立习近平新时代中国特色社会主义思想在国家政治和社会生活中的指导地位，实现国家指导思想与时俱进，对于进一步巩固全党全国各族人民团结奋斗的共同思想基础，充分发挥习近平新时代中国特色社会主义思想对国家各项事业、各方面工作的指导作用，确保党和国家事业始终沿着正确方向前进，意义重大而深远。同时，也有利于推动我国宪法完善发展，更好维护宪法的统一、尊严、权威，更好发挥宪法对我国政治和社会生活的规范、引领、推动、保障作用。

宪法具有最高的法律地位、法律权威、法律效力，是国家政治和社会生活的最高行为规范。全国各族人民、一切国家机关和武装力量、各政党和各社会团体、各企业事业组织、城乡基层自治组织，都必须以宪法为根本的活动准则，都负有维护宪法尊严、保证宪法实施的职责。将习近平新时代中国特色社会主义思想载入宪法，赋予其最高法律权威和法律效力，使之成为全体人民的共同意志，成为国家各项事业、各方面工作的根本遵循，有利于在全体人民中强化党的领导意识、把党的领导落实到国家工作全过程和各方面，确保党对国家各项事业、各方面工作的全面领导。

习近平新时代中国特色社会主义思想写入宪法，成为国家的指导思想，也就成为国家的意志，意味着在今后的工作中深入学习宣传贯彻这一思想成为每一个公民的法定义务。我们每个人都要把习近平新时代中国特色社会主义思想作为国家各项事业、各方面工作的根本遵循，认真加以践行，决不允许公开发表反对宪法确立的国家指导思想的言论。《政务处分法》明确规定，公职人员公开发表反对宪法确立的国家指导思想的文章、演说、宣言、声明等的，予以开除。

29. 公开发表反对社会主义制度的言论，如何给予政务处分?

长期以来，人们对于公职人员“滥用职权”“贪污腐化”等歪风非常敏感，但对其原则性的表态和言论相对忽视。纵观我们的队伍，其中大多数人遵纪守法兢兢业业，但也不乏个别人自认“不贪不占”

"小节不亏"，却罔顾自己的身份和职务，在网上网下、朋友圈中口无遮拦、毫无顾忌，搞所谓的"标新立异"，当所谓的"开明绅士"，在关乎国本的原则立场上不严肃、瞎表态，什么共识都敢挑战，甚至公开发表反对中国共产党领导、反对社会主义制度的言论。公职人员本是群众眼中的"公家人"，代表着公共机构的形象、公权力的威信，若言行举止如此失范，将带给社会巨大的错误信号和负面效应。

公职人员是中国特色社会主义事业的中坚力量，在国家治理体系中处于特殊重要位置，必须时时守规矩做表率，而首先要守的当然得是"大规矩"。"大规矩"已定，行使公权力，就决不允许搞自行其是、阳奉阴违，决不允许搞东西摇摆、左右逢迎，决不允许"端起碗来吃饭，放下筷子骂娘"。苏共20万党员时建国、200万党员时卫国、2000万党员时亡国的教训殷鉴不远，党员干部和公职人员无视规矩公开反对党的领导、反对社会主义制度，其危害显而易见。对于此类行为，《中国共产党纪律处分条例》第四十五条规定："通过网络、广播、电视、报刊、传单、书籍等，或者利用讲座、论坛、报告会、座谈会等方式，公开发表坚持资产阶级自由化立场、反对四项基本原则，反对党的改革开放决策的文章、演说、宣言、声明等的，给予开除党籍处分。"第五十八条规定："组织、参加旨在反对党的领导、反对社会主义制度或者敌视政府等组织的，对策划者、组织者和骨干分子，给予开除党籍处分。"《政务处分法》第二十八条第三款规定，公开发表反对宪法确立的国家指导思想，反对中国共产党领导，反对社会主义制度，反对改革开放的文章、演说、宣言、声明等的，予以开除。

回顾这些年的发展实践，我们能取得现在的成绩，正是因为有中国共产党领导、实行社会主义制度，发展成果始终惠及最广泛的人民群众；正是因为大力推进改革开放，中华大地风云激荡、沧桑巨变，实现了从一穷二白到世界第二大经济体的伟大跨越。继承前人的事业，进行今天的奋斗，开辟明天的道路，方向性、原则性须臾不可偏离。公职人员尤须明白肩上的责任与义务，讲底线，守规矩，带领全国人民奔向更美好的未来。

30. 公开发表反对改革开放的言论，如何给予政务处分？

习近平总书记强调："改革开放是决定当代中国命运的关键一招，也是决定实现'两个一百年'奋斗目标、实现中华民族伟大复兴的关键一招。"当代中国最鲜明的特色是改革开放，中国过去40多年的快速发展靠的是改革开放，中国未来发展进步的活力之源还是改革开放。

40多年前，正因为拉开了改革开放的大幕，从市场经济孕育到体制机制创新，从家庭联产承包责任制到国企改革，从设经济特区到引进外资，从恢复高考到明确"科技是第一生产力"等大动作迭出，中国大地上才风云激荡、沧桑巨变，才有了举世瞩目的发展奇迹。身为党员干部，对此理应有清晰认知，而不应失去基本的历史判断与现实感知。早在1992年初，邓小平同志前往南方视察并发表重要谈话时，就曾表态"谁反对改革开放，就让谁下台"。《中国共产党纪律处分条例》也从党纪层面对这一底线进行了重申，其中第四十五条规定："通过网络、广播、电视、报刊、传单、书籍等，或者利用讲座、论坛、报告会、座谈会等方式，公开发表坚持资产阶级自由化立场、反对四项基本原则，反对党的改革开放决策的文章、演说、宣言、声明等的，给予开除党籍处分。"由此可见，对公开反对改革开放决策的党员要开除党籍。2020年6月20日，第十三届全国人民代表大会常务委员会第十九次会议通过了《政务处分法》，其中明确规定"公开发表反对改革开放的文章、演说、宣言、声明等的，给予开除处分"。《政务处分法》明确标注了反对改革开放的"代价"，这也是从"国法”维度补上了法纪处理的“问责缺环”：该法本就是《监察法》的重要配套法律，究其内容，也是在实现党纪与国法有效衔接。对公开反对改革开放的公职人员开除党籍之外，还开除其公职，也是在筑牢惩戒职务性“违规操作”的法网。置于当前“改革再深化，开放再扩大”已成态势的大背景下，党纪法规对公开反对改革开放的公职人员亮起“红牌”，也与全面深化改革、进一步扩大开放之需相呼应。

改革开放只有进行时，没有完成时。当前，我国发展还面临一系列突出矛盾和挑战，前进道路上还有不少困难和问题。比如，发展中不平衡、不协调、不可持续问题依然突出，科技创新能力不强，产业结构不合理，发展方式依然粗放，城乡区域发展差距和居民收入差距依然较大，社会矛盾明显增多，教育医疗、住房就业、生态环境、食品药品安全、社会保障、执法司法等关系群众切身利益的问题比较突出，等等。解决这些问题，都必须继续推进改革开放进程。若有的党员干部、公职人员特别是领导干部，还站在封闭守旧的擂台一侧跟改革开放叫阵，那损害的也是公共利益。因而，公开反对改革开放的不仅要开除党籍，还开除其公职，进一步申明了底线。这也是在“庸者下”之外，给用人选人标准增设了“守旧者下”“逆行者下”的硬杠杠。

31. 不按照规定请示、报告重大事项，如何给予政务处分？

一个时期以来，由于干部管理工作失之于宽、失之于软、失之于松，导致不少领导干部遵守纪律规矩的意识较差，遇到重大问题、重要事项常常不按照规定向组织请示报告就擅自决定。很多外逃贪官脱岗离开国内已经许多天，党组织竟然毫无察觉；有的党员领导干部在遇到重大问题决策、重要干部任免、重大项目投资决策、大额资金使用等必须经集体讨论作出决定的情况时，竟然视制度为无物，公然违反“三重一大”制度，不向组织请示报告就擅自作出决定。这些行为违反了党纪国法，给党和国家造成了重大经济损失，损害了广大人民群众的利益。

党的十八大以来，关于贯彻执行请示报告制度的要求越来越严格。《关于新形势下党内政治生活的若干准则》第三方面“坚决维护党中央权威”中强调，“全党必须严格执行重大问题请示报告制度”。第四方面“严明党的政治纪律”明确规定，“党的各级组织和全体党员必须对党忠诚老实、光明磊落，说老实话、办老实事、做老实人，如实向党反映和报告情况”。第九方面“严格党的组织生活制度”中规定，“领导干部必须强化组织观念，工作中重大问题和个人有关事项必须按规定按程序向组织请示报告，离开岗位或工作所在地要事先向组织请示报告”。《中国共产党纪律处分条例》“对违反政治纪律行为的处分”章节第五十四条规定：“不按照有关规定向组织请示、报告重大事项，情节较重的，给予警告或者严重警告处分；情节严重的，给予撤销党内职务或者留党察看处分。”《政务处分法》第二十九条第一款规定：“不按照规定请示、报告重大事项，情节较重的，予以警告、记过或者记大过；情节严重的，予以降级或者撤职。”根据上述规定可以看出，按照规定请示、报告重大事项，不仅是党纪的要求，也是法律的要求。

对于请示报告内容，《关于新形势下党内政治生活的若干准则》明确规定，党组织对“研究涉及全局的重大事项或作出重大决定要及时向党中央请示报告，执行党中央重要决定的情况要专题报告。遇有突发性重大问题和工作中重大问题要及时向党中央请示报告，情况紧急必须临机处置的，要尽职尽力做好工作，并迅速报告”。《中国共产党重大事项请示报告条例》规定，党员一般应当向所在党组织请示下列事项：从事党组织所分配的工作中的重要问题；代表党组织发表主张或者作出决定；按照规定需要请示的涉外工作交往活动；转移党的组织关系；其他应当向党组织请示的事项。党员应当向党组织报告下列事项：贯彻执行党组织决议以及完成党组织交办工作任务情况；对党的工作和领导干部的意见建议；发现党员、领导干部违纪违法线索情况；流动外出情况；其他应当向党组织报告的事项。领导干部应当向所属党组织请示下列事项：超出自身职权范围，应当由所在党组织或者上级党组织作出决定的重大事项；属于自身职权范围但事关重大的问题和情况；代表党组织对外发表重要意见；因故无法履职或者离开工作所在地；其他应当向党组织请示的事项。领导干部应当向党组织报告下列事项：学习贯彻习近平新时代中国特色社会主义思想，贯彻落实党中央决策部署和党组织决定中的重要情况和问题；遵守政治纪律和政治规矩，坚决维护习近平总书记党中央的核心、全党的核心地位，坚决维护党中央权威和集中统一领导情况；坚持民主集中制，发扬党内民主，正确行使权力，参与集体领导情况；参加领导班子民主生活会和所在党支部（党小组）组织生活会情况；履行管党治党责任，加强党风廉政建设和反腐败工作以及遵守廉洁纪律情况；重大决策失误或者应对突发事件处置失当，纪检监察、巡视巡察和审计中发现重要问题，以及违纪违法情况；可能影响正常履职的重大疾病等情况；其他应当向党组织报告的事项。

请示报告制度是执行民主集中制的有效工作机制。作为公职人员特别是领导干部，在涉及重大问题、重要事项时一定要按照规定请示报告，切忌“一个人说了算”、独断专行。

32. 隐瞒不报个人有关事项，如何给予政务处分？

从监督和反腐的角度看，如实报告个人事项，是衡量公职人员是否清正廉洁的重要标尺。《中国共产党纪律处分条例》中对“违反个人有关事项报告规定，隐瞒不报”违纪行为的处分规定，反映了党中央全面从严治党、加强对党员干部组织管理的坚定决心。《政务处分法》第二十九条第二款也规定：“违反个人有关事项报告规定，隐瞒不报，情节较重的，予以警告、记过或者记大过。”

按规定报告个人有关事项是公职人员应当遵循的基本要求。2017年4月，中共中央办公厅、国务院办公厅印发了新修订的《领导干部报告个人有关事项规定》和新制定的《领导干部个人有关事项报告查核结果处理办法》。新修订的《领导干部报告个人有关事项规定》，明确了立规的目的和依据、适用对象、报告内容、报告程序和报告材料的查阅、汇总综合、抽查核实及违反规定的处理等。主要有三个特点，一是报告主体进一步突出了“关键少数”。突出党政领导干部这个重点；将未列入参照公务员法管理的人民团体、事业单位的报告对象范围调整为领导班子成员及内设管理机构领导人员；将国有企业的报告对象范围调整为中央企业的领导班子成员及中层管理人员、省管和市管国有企业的领导班子成员。二是报告事项内容更加突出与领导干部权力行为关联紧密的家事、家产情况。家事包括婚姻、因私出国（境）证件和行为、移居国（境）外、从业、被司法机关追究刑事责任等情况；家产包括工资收入、劳务所得、房产、持有股票、基金和投资型保险、经商办企业以及在国（境）外的存款和投资等情况。三是增加了抽查核实的规定。对开展查核的方式、比例、对象以及查核结果运用等作出规定。对家庭财产来源合法性验证、查核结果的运用等作了原则性规定。同时，明确了查核联系工作机制和抽查核实纪律。

新制定的《领导干部个人有关事项报告查核结果处理办法》，主要明确了三个方面问题：一是明确认定漏报或者瞒报需要掌握的基本原则。比如在认定漏报情形时，《领导干部个人有关事项报告查核结果处理办法》的用语一般是“少报告”；在认定瞒报情形时，用语一般是“未报告”。二是区分了漏报、瞒报的具体情形和处理规定。对漏报、瞒报行为的处理，考虑到瞒报属于主观故意，是对组织不忠诚老实的表现，所以在组织处理方面体现了加重的原则。对隐瞒不报情节较重或者查核发现涉嫌其他违纪问题的，依照《中国共产党纪律处分条例》等追究纪律责任。三是明确了领导干部因不如实报告个人有关事项受到组织处理和纪律处分的影响期。《领导干部个人有关事项报告查核结果处理办法》重申或者明确，受到诫勉处理的，半年内不得提拔或者进一步使用；受到取消考察对象（后备干部人选）资格处理的，一年内不得提拔或者进一步使用；受到调离岗位、改任非领导职务、免职处理的，一年内不得提拔；受到降职处理的，两年内不得提拔；受到纪律处分的，依照《中国共产党纪律处分条例》等规定执行。这些要求，为今后严肃处理不如实报告的行为划出了底线，亮出了红线，为更加有效地强化查核结果运用提供了遵循，必将促进请示报告制度得到更好的贯彻执行。

瞒报非小事、说谎有代价。公职人员必须增强自觉接受监督的意识，无论是涉及重大问题、重要事项这些工作中的大事，还是涉及个人家事、家产这些看似个人的“私事”，一定要有组织观念、程序观念，该请示的必须请示，该报告的必须报告，决不能我行我素，决不能遮遮掩掩甚至隐瞒不报，否则必将受到严肃处理。

33. 篡改、伪造本人档案资料，如何给予政务处分？

近年来，有关公职人员不如实填报、篡改甚至伪造个人档案资料的报道屡见不鲜。这些人之所以这样做，说到底是为了达到个人目的不择手段，通过造假跨过干部选拔任用所设置的年龄、学历、工作经历等“门槛”。这种行为扰乱了正常的选人用人机制，也污染了政治生态和从政环境。

应该看到，大多数公职人员填报自己的档案资料时，能够严格遵守纪律，认认真真，本本分分，有一写一，有二写二，丝毫不马虎，而少数人却目无法纪，绞尽脑汁弄虚作假，“三龄两历一身份”（年龄、工龄、党龄，学历、工作经历，干部身份）造假现象尤为突出。个别干部篡改年龄几乎到了为所欲为的地步，想大就大，想小就小，年龄简直成了孙悟空的“金箍棒”。比如，山西河津住建局原局长薛某，在招工、转干、入党等过程中，竟先后11次篡改出生日期，被戏称为“弹簧年龄”。还有的党员干部篡改年龄、伪造档案胆量之大，让人不敢想象。据媒体报道，某地一干部篡改年龄之后，变成了13岁参加工作，15岁入党。更有甚者，档案中除了性别是真的，年龄等其他信息全部是伪造。

篡改、伪造个人档案资料，违反了党纪国法，扰乱了正常的选人用人机制，容易导致用人失察，亵渎干部队伍的纯洁，在社会上造成恶劣影响。防治此类问题，必须真正发挥制度的“防火墙”“紧箍咒”作用，把各项规定落到实处。《中国共产党纪律处分条例》第七十三条第一款第四项规定，不如实填报个人档案资料，情节较重的，给予警告或者严重警告处分。第七十三条第二款规定，篡改、伪造个人档案资料的，给予严重警告处分；情节严重的，给予撤销党内职务或者留党察看处分。《政务处分法》第二十九条第三款规定，篡改、伪造本人档案资料的，予以记过或者记大过；情节严重的，予以降级或者撤职。《中华人民共和国档案法》中也有对“涂改、伪造档案”等行为的明确处理规定。要严格执行相关规定，通过全面精准的核查，打消某些公职人员的侥幸心理；通过建立选人用人的追溯机制，依纪依法问责追责。

与此同时，应进一步发挥社会监督、群众监督的作用。公职人员的个人档案资料是否造假，查起来并不难，只要严格按照干部任前公示的要求，向社会公开拟选任干部和领导的信息，广泛征求群众意见，存疑之处必然难逃群众雪亮的眼睛。

个人档案资料就是手写的个人“历史”，必须实事求是，掺不得假，兑不得水。不管是谁，只要填写了自己的档案，就要对档案的真实性负责，不能有半点侥幸，毕竟白纸黑字在，想要赖都要不了。如果私自篡改、伪造个人档案资料，必将受到党纪国法的严惩。

34. 违反民主集中制原则，个人或少数人决定重大事项，如何给予政务处分？

民主集中制是民主基础上的集中和集中指导下的民主相结合的制度。坚持集体领导制度，实行集体领导和个人分工负责相结合，是民主集中制的重要组成部分，必须始终坚持，任何组织和个人在任何情况下都不允许以任何理由违反这项制度。但是，一个时期以来，有个别领导干部，俨然成了地方、部门或者单位里的“土皇帝”，搞一言堂、家长制，个人或者少数人决定重大问题，不仅把个人凌驾于组织之上，而且也践踏了民主集中制原则。

说起这些领导干部，可谓百态丛生：他们有的居高临下，个人说了算，顺我者昌、逆我者亡，处心积虑树立所谓“绝对权威”，大有独霸一方之势；有的个人主义、本位主义思想严重，只讲民主不讲集中，班子讨论问题时没有采纳自己的意见就很不高兴，或者脑袋长在屁股上，为了自己的那点权力争得不可开交；有的只讲集中不讲民主，习惯于逢事先定调，重大问题不经班子成员充分酝酿和讨论就拍板，甚至对多数人的意见也置之不理……

以个人领导、个人专断取代民主集中制的集体领导，使个人决策代替了集体决策，使一切对权力的监督和制约沦为一纸空谈，不仅严重破坏了党的民主生活秩序，也容易成为滋生腐败的温床。从大量腐败落马案件看，许多领导干部违纪违法问题背后都有一言堂、家长制的影子。领导干部往往位高权重，一旦出问题，最容易带坏班子、搞乱风纪。有的人被查处后讲："我的一个批示可以让一个企业获得巨大利益，可以让亲朋好友获取好处，可以让一个人改变处境，可以办事顺利、一路绿灯。"

位高不能擅权，权重不能谋私。要有效杜绝违反民主集中制原则，个人或少数人决定重大事项的问题，一方面，要坚持、完善和落实民主集中制。要按照党章、《关于新形势下党内政治生活的若干准则》要求，始终坚持集体领导制度，实行集体领导和个人分工负责相结合，把民主基础上的集中和集中指导下的民主有机结合起来，"凡属重大问题，要按照集体领导、民主集中、个别酝酿、会议决定的原则，由集体讨论、按少数服从多数作出决定"，"坚决反对和防止独断专行或各自为政，坚决反对和防止议而不决、决而不行、行而不实"。领导干部要充分发扬民主，严格按程序决策、按规矩办事，注意听取不同意见，正确对待少数人意见。任何组织和个人，在任何情况下，都不允许以任何理由违反党的民主集中制。另一方面，要加强纪法约束。对于违反民主集中制，"个人或者少数人决定重大问题""故意规避集体决策，决定重大事项、重要干部任免、重要项目安排和大额资金使用"等行为，《中国共产党纪律处分条例》规定应给予警告直至留党察看处分。《政务处分法》也规定，违反民主集中制原则，个人或者少数人决定重大事项的，予以警告、记过或者记大过；情节严重的，予以降级或者撤职。

听不进别人的意见，个人或少数人说了算的作风是我们一直摒弃的。"兼听则明，偏听则暗"的古训告诉我们，任何人的任何思想、意见都不可能做到完美无瑕，必须集思广益，充分发挥集体智慧，才能形成行之有效的方针、政策。

35. 拒不执行、擅自改变集体作出的重大决定，如何给予政务处分？

执行集体决定是公职人员讲大局的表现。每个人的能力、智慧都是有限的，集体和组织的作用却能将每个人有限的能力、智慧汇聚起来，并作出体现集体能力、智慧的决定。执行集体决定实质上是遵从多数人的意见、维护集体的团结统一。如果公职人员不服从和执行集体决定，集体内部必定分裂，集体的凝聚力和战斗力必定遭受削减。

当前在公职人员队伍中，的确存在着对组织和集体决定不服从不执行，或者不完全服从的现象。主要表现为以下几个方面：一是组织观念淡薄，为所欲为，我行我素，对集体作出的重大决定视若无睹。二是不经过集体讨论，独断专行，擅自改变集体作出的重大决定。三是表面服从，当面说一套，背后做另一套，表里不一。四是部分执行，对自己有利的就执行，没利的不执行，典型的选择性执行。这几种现象都损害了党纪国法的严肃性。公职人员要树立集体意识，自觉地从内心深处去认同组织和集体的决定，主动地把自己的思想和行动统一到组织和集体的决定上来。

党章规定："党员个人服从党的组织，少数服从多数，下级组织服从上级组织，全党各个组织和全体党员服从党的全国代表大会和中央委员会。"这"四个服从"既是党最基本的组织原则，也是最基本的组织纪律。为了保证党组织作出的决定得到坚决的贯彻执行，我们党在制度上作了精心设计。首先，民主集中制作为党的根本组织原则，保证了党组织所作决定的合法性与正确性。在民主集中制原则下，任何重大事项的讨论、重大决策的作出，都必须经过党组织长期酝酿、集体讨论和广泛征求意见。在民主讨论阶段，党员可以就讨论事项发表自己的看法，党组织应当在认真听取意见后作出决策。党组织的决定是集体智慧的结晶，一旦作出，就必须无条件地执行。其次，党的组织制度强调“四个服从”。“四个服从”中，个人服从组织是基础。党员对党的决议有不同意见，在坚决执行的前提下，可以声明保留，并且可以把自己的意见向党的上级组织直至中央提出，但在党组织改变决定之前，党员必须无条件执行原决定，不能擅自改变党组织作出的重大决定，自行其是。个别党员领导干部，党性不强，权力欲望强，对党组织作出的决定，说一套做一套；有的按自己的想法，选择性地执行，对自己有利的就执行，对自己不利的就不执行；有的对执行党的决定提条件、讲价钱，等等。这些行为都违反了党的组织纪律。《中国共产党纪律处分条例》第七十条第一项规定，违反民主集中制原则，拒不执行或者擅自改变党组织作出的重大决定的，给予警告或者严重警告处分；情节严重的，给予撤销党内职务或者留党察看处分。《政务处分法》第三十条第一项也规定，拒不执行、擅自改变集体作出的重大决定的，予以警告、记过或者记大过；情节严重的，予以降级或者撤职。

在对待组织决定的问题上，我们需要把视野放远一些。不能只想着个人进步、解决个人问题，更要看到经济社会发展大局和实际工作的需要。摆正了心态，提高了思想境界，则必然会把个人发展与组织和集体决定自觉统一起来，也才会在执行集体决定的过程中使自己得到很好的锻炼、成长与进步。

36. 拒不执行或拖延执行上级依法作出的决定、命令，如何给予政务处分？

服从上级依法作出的决定、命令是对一名公职人员最基本的素质要求。但是在现实生活中，有些人挑三拣四，对工作成效不关注，对任务和待遇却有自己的“小九九”。一旦上级安排他们去不合自己心意的岗位、部门工作，他们总会拿出种种借口讨价还价，达不到自己满意的结果就闹情绪、撂挑子。这些行为都是没有大局意识、不讲政治的表现，要受到党纪及政务处分。

党章规定，党员必须“执行党的决定，服从组织分配，积极完成党的任务”。同时强调：“党员个人服从党的组织，少数服从多数，下级组织服从上级组织，全党各个组织和全体党员服从党的全国代表大会和中央委员会。”“党的下级组织必须坚决执行上级组织的决定。下级组织如果认为上级组织的决定不符合本地区、本部门的实际情况，可以请求改变；如果上级组织坚持原决定，下级组织必须执行，并不得公开发表不同意见，但有权向再上一级组织报告。”对于违背这些要求的行为，《中国共产党纪律处分条例》第七十一条规定：“下级党组织拒不执行或者擅自改变上级党组织决定的，对直接责任者和领导责任者，给予警告或者严重警告处分；情节严重的，给予撤销党内职务或者留党察看处分。”第七十二条第一款规定：“拒不执行党组织的分配、调动、交流等决定的，给予警告、严重警告或者撤销党内职务处分。”第二款规定：“在特殊时期或者紧急状况下，拒不执行党组织决定的，给予留党察看或者开除党籍处分。”也就是说，在特殊时期或者紧急状况下，党员干部更需要严格执行党组织的命令和交予的任务，不容懈怠，不打折扣，否则面临的处分更严厉。对于拒不执行或者变相不执行、拖延执行上级依法作出的决定、命令的行为，根据《政务处分法》第三十条第二项之规定，应予以警告、记过或者记大过；情节严重的，予以降级或者撤职。

严格执行上级依法作出的决定、命令，既是公职人员的应尽义务和责任，也是党纪国法的明确约束。对于公职人员来说，凡是上级交给的任务、做出的决定，都应不打折扣、坚决落实。

37. 违规出境或办理因私出境证件，如何给予政务处分？

公职人员私自办理、保管因私护照以及未经批准出国（境），是一种比较常见的问题。1999年以来，中央纪委、中央组织部、公安部等单位或部门陆续印发了系列规范性文件，对党员干部和公职人员因私出国（境）管理工作作出了明确规定。一是因私出国（境）的，必须严格按干部管理权限，报经上级组织、人事部门批准同意后，再到公安部门办理出国（境）手续；二是因私事出国（境）实行报告登记制度，已申领的出入境证件，由所在单位组织、人事部门集中保管；三是对违反出国（境）证件管理规定，在出国（境）或办理出国（境）审批手续中弄虚作假的，应严肃追究责任。

杜绝违规出境或办理因私出境证件这方面的问题，必须充分发挥党纪国法的刚性约束作用。《中国共产党纪律处分条例》第七章“对违反组织纪律行为的处分”中的第八十二条规定：“违反有关规定办理因私出国（境）证件、前往港澳通行证，或者未经批准出入国（边）境，情节较轻的，给予警告或者严重警告处分；情节较重的，给予撤销党内职务处分；情节严重的，给予留党察看处分。”《政务处分法》第三十一条规定：“违反规定出境或者办理因私出境证件的，予以记过或者记大过；情节严重的，予以降级或者撤职。”

规矩意识是公职人员必备的政治素养。上至中央领导、下至乡科级领导，所做之事都应该规矩且受相关制度约束，因公出国（境）不能例外，因私出国（境）就更加不行。从1981年至今，中央先后密集下发至少9个文件，对领导干部出国（境）作出规定：受什么邀？去国（境）外哪个地方？去几天？谁批准？都要求必须清清楚楚、明明白白地讲清楚、写明白。如今领导干部出国（境）审批更严了，数量与次数限制了，报备人员范围扩大了，看似规矩繁复麻烦，又增加了工作负担，但实际上降低了管理风险，提升了规矩意识。

因私出国（境）规定突然变严是对规矩意识的重视。以往因私出国（境）规定多侧重于宏观指导。以前认为因私出国（境）是私人问题，不需要过分的规定和限制，如今因私出国（境）的具体要求不如因公出国（境）规定详细，导致各单位在落实过程中，存在执行标准高低不一、把握尺度参差不齐的情况。因此，在今后的因私出国（境）管理工作中要严把“四道关”。

严把审批关。审批是因私出国（境）申请的前置条件。公职人员在提出因私出国（境）申请时，单位的主管部门要认真核对相关信息，理清申请人是否符合因私出国（境）条件，问清出国（境）事由、时间及经费来源等，经组织审批后，方可办理因私出国（境）手续。

严把备案关。备案是对完善因私出国（境）申请的必要环节。定期地开展备案信息统计，才能全面掌握人员信息备案、更新和撤控情况，达到有效监督的目的。特别是“涉权、涉密、涉财、涉事、涉物”五类人员登记备案，都须经组织人事部门审批同意方可办理相关手续，把对领导干部的监督视角前移，通过制约在前、监督在前和防范在前的方式，有效遏制领导干部隐瞒身份私自违规出国（境）行为，才能达到从源头上进行把关防范的目的。

严把证件管理关。证件管理是对因私出国（境）申请人监管的一种手段。公职人员特别是领导干部因私出国（境）不能想走就走，按照中组部《关于进一步加强领导干部出国（境）管理监督工作的通知》要求，领导干部证件应由各级组织人事部门集中统一管理，平时需要证件时应坚持“一出一批，一审一领”的原则，坚决杜绝领导干部违规私自持有因私出国（境）证件的现象。领导干部回国后应主动上交证件，对拒不上交出国（境）证件的领导干部，进行批评教育或诫勉谈话，情节严重的给予组织处理或移交纪检监察机关处理。

严把监督问责关。监督问责是保证各项规定落实的重要条件。针对近年来党员干部和公职人员因私出国（境）次数逐年增多的特点，相关部门应派专人围绕制度建设、请示报批、证照管理、情况反馈等内容实施重点检查，全面了解和掌握人员信息备案、更新和撤控情况，对发现的问题要及时反馈，督促整改，对违规擅自出国（境）的领导干部，视情节轻重，采取批评教育、通报、诫勉谈话等措施并追究相关责任人的责任。

没有规矩不成方圆。只有把好“四道关”，才能进一步严肃因私出国、出境相关规定，保障正常的出国、出境管理秩序。

38. 违规取得外国国籍或获取境外永久居留资格、长期居留许可，如何给予政务处分？

1999年，中共中央办公厅、国务院办公厅转发的《关于加强党政机关县（处）级以上领导干部出国（境）管理工作的意见》通知规定：“领导干部申请出国（境）定居（包括申请办理前往港澳通行证），要区别不同情况办理审批手续。担任现职的，要在辞去现职一年以后，离、退休的，要在办理离、退休手续半年以后，按干部管理权限报上级党委及组织、人事部门审批；中央管理的干部，由有关省、自治区、直辖市党委或中央部委、国家机关部委党组（党委）提出意见（民主党派和无党派人士要事先征得中央统战部同意），经中央组织部审核后报中央审批。上述人员经批准后，凭批件到公安部门办理手续，其中涉密人员要在规定的销密期满后，方可办理审批手续。”

公职人员未经组织批准，违规获得外国国籍或国（境）外永久居留资格、长期居留许可，要受到严肃惩治。《中国共产党纪律处分条例》第八十一条规定："违反有关规定取得外国国籍或者获取国（境）外永久居留资格、长期居留许可的，给予撤销党内职务、留党察看或者开除党籍处分。"《政务处分法》第三十一条第二款规定："违反规定取得外国国籍或者获取境外永久居留资格、长期居留许可的，予以撤职或者开除。"需要指出的是，这里参照相关规定包括：《关于加强党政机关县（处）级以上领导干部出国（境）管理工作的意见》（中办发〔1999〕第 23 号）、《关于加强国家工作人员因私事出国（境）管理的暂行规定》（公通字〔2003〕13 号）、《关于进一步加强党员干部出国（境）管理的通知》（中纪发〔2004〕26 号）、《关于进一步加强因公出国（境）管理的若干规定》（中办发〔2008〕9 号）、《因公出国人员审批管理规定》（中办发〔2012〕5 号）、《关于进一步加强领导干部出国（境）管理监督工作的通知》（组通字〔2014〕14 号）等。

《中华人民共和国国籍法》明确规定，"中华人民共和国不承认中国公民具有双重国籍"。《公务员法》规定，"具有中华人民共和国国籍"是公务员应当具备的条件之一。党的干部、公务员及其他公职人员一旦取得了外国国籍，就意味着失掉了中国国籍；如果在违规取得外国国籍的同时，还想保留中国国籍，纯属痴心妄想。

违规取得外国国籍或者获取国（境）外永久居留资格、长期居留许可的公职人员，虽然人还在中国，心却跑到了国（境）外，简直就是在我们国家玩潜伏。他们这样做，本身就是对党和国家不忠，又怎能心无旁骛干事业、全心全意为人民服务呢？他们违规取得外国国籍或者获取国（境）外永久居留资格、长期居留许可行为，就是公然践踏党的纪律和规矩，就是目无法纪铤而走险，最终必将身败名裂。

39. 违反干部人事工作规定，如何给予政务处分？

在干部人事工作中，任人唯亲、排斥异己、封官许愿、说情干预、跑官要官、突击提拔等违反干部选拔任用规定的问题是比较多发的，干部、职工的录用、考核、职务晋升、职称评定、军转干部安置也是容易出现问题的地方。对这些问题必须从严治理，防止不正之风和腐败现象的发生。

2019 年 3 月，中共中央印发了修订后的《党政领导干部选拔任用工作条例》，明确了选拔任用党政领导干部必须遵守的十条纪律：不准超职数配备、超机构规格提拔领导干部、超审批权限设置机构配备干部，或者违反规定擅自设置职务名称、提高干部职务职级待遇；不准采取不正当手段为本人或者他人谋取职务、提高职级待遇；不准违反规定程序动议、推荐、考察、讨论决定任免干部，或者由主要领导成员个人决定任免干部；不准私自泄露研判、动议、民主推荐、民主测评、考察、酝酿、讨论决定干部等有关情况；不准在干部考察工作中隐瞒或者歪曲事实真相；不准在民主推荐、民主测评、组织考察和选举中搞拉票、助选等非组织活动；不准利用职务便利私自干预下级或者原任职地区、系统和单位干部选拔任用工作；不准在机构变动，主要领导成员即将达到任职年龄界限、退休年龄界限或者已经明确即将离任时，突击提拔、调整干部；不准在干部选拔任用工作中任人唯亲、排斥异己、封官许愿，拉帮结派、搞团团伙伙，营私舞弊；不准篡改、伪造干部人事档案，或者在干部身份、年龄、工龄、党龄、学历、经历等方面弄虚作假。

对于违规选拔任用干部的问题，《中国共产党纪律处分条例》第七十六条规定："在干部选拔任用工作中，有任人唯亲、排斥异己、封官许愿、说情干预、跑官要官、突击提拔或者调整干部等违反干部选拔任用规定行为，对直接责任者和领导责任者，情节较轻的，给予警告或者严重警告处分；情节较重的，给予撤销党内职务或者留党察看处分；情节严重的，给予开除党籍处分。"至于干部录用、考核、晋升等方面的违规行为，《中国共产党纪律处分条例》第七十七条规定："在干部、职工的录用、考核、职务晋升、职称评定和征兵、安置复转军人等工作中，隐瞒、歪曲事实真相，或者利用职权或者职务上的影响违反有关规定为本人或者其他人谋取利益的，给予警告或者严重警告处分；情节较重的，给予撤销党内职务或者留党察看处分；情节严重的，给予开除党籍处分。"

对于上述行为，《公务员法》第一百零六条明确规定，不按照规定程序进行公务员录用、调任、转任、聘任、晋升以及考核、奖惩的，由县级以上领导机关或者公务员主管部门按照管理权限，区别不同情况，分别予以责令纠正或者宣布无效；对负有责任的领导人员和直接责任人员，根据情节轻重，给予批评教育、责令检查、诫勉、组织调整、处分；构成犯罪的，依法追究刑事责任。《政务处分法》第三十二条也规定，在选拔任用、录用、聘用、考核、晋升、评选等干部人事工作中违反有关规定的，予以警告、记过或者记大过；情节较重的，予以降级或者撤职；情节严重的，予以开除。

干部问题是一个重大的政治问题，决不能掉以轻心。当前，各地区、各部门执行干部人事工作规定的总体情况是好的，但在个别地方和部门也存在不少问题，必须依纪依法严肃处理，坚决防止用人上的不正之风，营造风清气正的选人用人环境。

40. 弄虚作假，骗取职务、职级、待遇、资格、荣誉等利益，如何给予政务处分？

或因贪图利益，或因沽名钓誉，现实中有些公职人员在获取职务、职级、职称、学历过程中动歪心思，弄虚作假，投机取巧。这种行为不只是个人诚信问题，而且违反了组织纪律，甚至是违反了法律。

《关于新形势下党内政治生活的若干准则》指出，凡因弄虚作假、隐瞒实情骗取荣誉、地位、奖励或其他利益的，要依纪依规严肃问责追责。《中国共产党纪律处分条例》第七十七条第二款规定，弄虚作假，骗取职务、职级、职称、待遇、资格、学历、学位、荣誉或者其他利益的，给予警告或者严重警告处分；情节较重的，给予撤销党内职务或者留党察看处分；情节严重的，给予开除党籍处分。《政务处分法》第三十二条第二项规定，弄虚作假，骗取职务、职级、衔级、级别、岗位和职员等级、职称、待遇、资格、学历、学位、荣誉、奖励或者其他利益的，予以警告、记过或者记大过；情节较重的，予以降级或者撤职；情节严重的，予以开除。

这里所说的“弄虚作假”，通常是指采取虚构、谎报、隐瞒、伪造事实等欺骗的手段，取得不应当得到的职务、职级、岗位、职称、待遇、资格、学历、学位、荣誉，以及由此带来的各种待遇和其他利益。需要指出的是，公职人员弄虚作假的行为一旦查实，不论是否谋取利益，都不影响对其违纪或违法问题的认定。如果相关利益已经得到，则要在给予党纪及政务处分的基础上，予以纠正。

一个时期以来存在的公职人员弄虚作假骗取职务、待遇、学历、荣誉或其他有关利益的行为，损害了党和政府的形象，必然为党纪国法所不容。不论是通过假档案人为拔高自身条件以满足干部选拔任用要求，还是通过报告，谎报、瞒报个人有关事项糊弄组织，其目的都是为了谋取个人利益，其本质都是对纪律和法律没有敬畏，最后都是搬起石头砸自己的脚。

41. 压制批评、申诉、控告、检举，如何给予政务处分？

宪法第四十一条规定：“中华人民共和国公民对于任何国家机关和国家工作人员，有提出批评和建议的权利；对于任何国家机关和国家工作人员的违法失职行为，有向有关国家机关提出申诉、控告或者检举的权利，但是不得捏造或者歪曲事实进行诬告陷害。”批评、建议、申诉、控告和检举，是公民的一项十分重要的权利。对于公民的申诉、控告或者检举，有关国家机关必须查清事实，负责处理。任何人不得压制和打击报复。作为公职人员，更应该遵纪守法，严禁对依法行使批评、申诉、控告、检举等权利的行为进行压制或者打击报复。

《中国共产党纪律处分条例》第七十九条第一款第一项规定，对批评、检举、控告进行阻挠、压制，或者将批评、检举、控告材料私自扣压、销毁，或者故意将其泄露给他人的，给予警告或者严重警告处分；情节较重的，给予撤销党内职务或者留党察看处分；情节严重的，给予开除党籍处分。党员干部违反该项纪律，应受到相应的党纪处分。对批评、检举、控告进行阻挠、压制的行为多种多样，通常包括以下几种情形：一是阻止党员、公民进行批评、检举、控告，或者对批评人、检举人、控告人进行刁难，甚至追查，属于阻挠、压制行为；二是将批评、检举、控告、申述材料扣留，不予办理，属于扣压行为；三是将批评、检举、控告、申述材料烧毁或者采取其他办法予以毁灭，属于销毁行为；四是使被批评人、被检举人、被控告人知悉批评、检举、控告的事实或内容，属于泄露行为；五是利用职务及其影响，通过制造种种理由和借口，使依法行使自己批评权、检举权、控告权，依法履行执纪执法职责的党员、公民的人身权利、民主权利、财产权利及其他合法权益受到侵犯，属于打击报复行为。这些都在禁止之列。

申诉权也是党员、公民的一项重要权利。党章第四条明确规定，党员享有“向党的上级组织直至中央提出请求、申诉和控告，并要求有关组织给以负责的答复”的权利。《中国共产党党员权利保障条例》第十八条规定：“党员有党内申诉权，对于党组织给予本人的处理、处分或者作出的鉴定、审查结论不服的，有权按照规定程序逐级向本人所在党组织、上级党组织直至中央提出申诉。”同时规定：“党员认为党组织给予其他党员的处理、处分或者作出的鉴定、审查结论不当的，有权按照规定程序逐级向党组织直至中央提出意见。”第三十七条第一款规定：“党组织应当认真处理党员的申诉，并给予负责的答复。对于党员的申诉，有关党组织应当按照规定进行复议、复查，不得扣压。上级党组织认为必要时，可以直接或者指定有关党组织进行复议、复查。”《中国共产党纪律处分条例》第七十九条规定，压制党员申诉，造成不良后果的，或者不按照有关规定处理党员申诉的，给予警告直至开除党籍处分。

对于公民的申诉权，相关法律作了明确的规定。《公务员法》规定公务员享有提出申诉的权利。《监察法》第六十条对被调查人及其近亲属的申诉权也作出明确规定。其中第一款规定，监察机关及其工作人员有下列行为之一的，被调查人及其近亲属有权向该机关申诉：留置法定期限届满，不予以解除的；查封、扣押、冻结与案件无关的财物的；应当解除查封、扣押、冻结措施而不解除的；贪污、挪用、私分、调换以及违反规定使用查封、扣押、冻结的财物的；其他违反法律法规、侵害被调查人合法权益的行为。第二款规定，受理申诉的监察机关应当在受理申诉之日起一个月内作出处理决定。申诉人对处理决定不服的，可以在收到处理决定之日起一个月内向上一级监察机关申请复查，上一级监察机关应当在收到复查申请之日起二个月内作出处理决定，情况属实的，及时予以纠正。

压制批评、申诉、控告、检举是违反党纪国法的行为。公职人员若有此类行为，要依纪依法严肃处理。《政务处分法》明确规定，对依法行使批评、申诉、控告、检举等权利的行为进行压制或者打击报复的，予以警告、记过或者记大过；情节较重的，予以降级或者撤职；情节严重的，予以开除。

42. 打击报复，如何给予政务处分？

所谓打击报复，是指领导干部利用职务、职权及其影响，通过制造种种“理由”和“借口”，使依法行使批评权、检举权、控告权的党员和公民的人身权利、民主权利、财产权利及其他合法权益受到侵犯的行为。实践中，打击报复的手段多种多样，既包括利用职权采取隐蔽方法横加罪名，也包括公开威胁、严加迫害。对这些打击报复行为，必须依纪依法严肃处理。

在防止打击报复方面，我们党形成了一整套制度体系。党章明确规定，“向党负责地揭发、检举党的任何组织和任何党员违法乱纪的事实”是党员的权利，“严格禁止打击报复和诬告陷害”。《中国共产党党内监督条例》规定，“党组织应当保障党员知情权和监督权，鼓励和支持党员在党内监督中发挥积极作用”“提倡署真实姓名反映违纪事实，党组织应当为检举控告者严格保密”“对干扰妨碍监督、打击报复监督者的，依纪严肃处理”。《关于新形势下党内政治生活的若干准则》也要求，“对通过正常渠道反映问题的党员，任何组织和个人都不准打击报复，不准擅自进行追查，不准采取调离工作岗位、降格使用等惩罚措施”。2020 年 12 月 25 日，中共中央印发了修订后的《中国共产党党员权利保障条例》，新修订条例重申了《关于新形势下党内政治生活的若干准则》这一要求。《中国共产党纪律处分条例》第七十九条规定，对批评人、检举人、控告人、证人及其他人员打击报复的，从重或者加重处分。这些条文规定，为党员行使相关权利、避免打击报复织密了“安全网”。

除党内法规对批评、控告、检举权利保障和打击报复行为追责作出规定之外，国家法律也作了明确的规定，为保护批评人、控告人、检举人和处理报复陷害者提供了直接依据。党政领导班子、领导干部对检举人、控告人等打击报复的，应当从重进行责任督导和追究。对依法行使批评、申诉、控告、检举等权利的行为进行压制或者打击报复的，根据《政务处分法》规定，予以警告直至开除。构成报复陷害罪的，法定刑是拘役至七年以下有期徒刑。

打击报复、诬告陷害行为是心胸狭窄、个人品质低劣的表现，是我们党历来所反对的。这种行为会严重伤害检举者、批评人，一些批评者出于公心，敢于担当，正直坦诚地揭露问题，却因打击报复和诬告陷害，在政治上受到排挤、精神上受到打击、感情上受到伤害甚至人身上受到攻击。纵容这种行为，会助长打击报复和诬告陷害不正之风的嚣张气焰，邪气得不到压制，正气得不到伸张，恶化党内政治生态。对这种性质恶劣、危害严重、影响极坏的行为，必须依纪依法严肃处理。

43. 诬告陷害，如何给予政务处分？

十八大以来，党风廉政建设和反腐败斗争的力度持续加大，广大干部群众对此寄予厚望，积极投身到反腐倡廉的工作中。纪检监察机关查处的案件中，很大一部分线索都来自信访举报，这是多年来畅通群众监督举报渠道得来的有利结果，也是让权力在阳光下运行的关键一环。但是，在这个过程中，也有个别心怀叵测、品行不端的人乘机行诬告陷害之事，达到损害他人名誉和利益的目的。

诬告盛行，挫伤了广大干部进取作为的主动热情，破坏了党风政风和政治生态。诬告陷害，是党纪国法严格禁止的行为。党章第四十条规定："党内严格禁止用违反党章和国家法律的手段对待党员，严格禁止打击报复和诬告陷害。违反这些规定的组织或个人必须受到党的纪律和国家法律的追究。”《关于新形势下党内政治生活的若干准则》规定：“党员、干部反映他人的问题，应该出于党性，通过党内正常渠道实名进行，不准散布小道消息，不准散发匿名信，不准诬告陷害等。”中共中央纪委机关、中共中央组织部关于严肃换届纪律的“九严禁”中也规定，严禁干扰换届，对造谣、诬告他人或者妨害他人自由行使选举权的，一律严厉查处，涉嫌违法犯罪的移送司法机关处理。《中国共产党纪律处分条例》第五十二条第二款规定，政治品行恶劣，匿名诬告，有意陷害或者制造其他谣言，造成损害或者不良影响的，视情节轻重给予警告直至开除党籍处分。《政务处分法》第三十二条第四项规定，诬告陷害，意图使他人受到名誉损害或者责任追究等不良影响的，予以警告、记过或者记大过；情节较重的，予以降级或者撤职；情节严重的，予以开除。

事实上，诬告陷害者并非不懂党纪国法，关键是“私利”二字作怪。具体来讲，诬告主要出于以下动机：一是双方存在竞争利害关系，每当人事变动或荣誉、利益分配时，一方使用诬告手段，既拉下对手，又促成自己上位。二是双方存在矛盾并发生过冲突，怀恨在心，一旦瞅见机会，乘机兴风作浪，利用各种方式诬告对方。尽管诬告者知道，诬告信一旦发出，要想人不知，除非己莫为，最终有可能是杀敌一千，也自损八百，甚至有可能两败俱伤，殃及自身。但诬告者利欲熏心，大有破釜沉舟之决心。三是自身存在见不得人的腐败行为，发觉败露苗头，抱着“与其坐等被人收拾、不如主动出击先下手为强”的心态，采用诬告之法将祸水东引，既想歪打正着，又要把水搅浑，以求自保过关。四是唯恐天下不乱，挑拨离间，企图乱中获得有利于自己的利益。诬告者大多是手段卑劣、缺乏道德底线的小人，他们不讲规矩，没有原则，热衷于传播那些家长里短的小道消息。一有风吹草动，就热血沸腾，或者亲自出马，搬弄是非；或者授意他人，诬陷对手，求得在混乱中获取自己的利益和好处。

向组织反映问题，出发点和落脚点都应该是维护党的利益、国家的利益、人民的利益、集体的利益，有利于捍卫法治、推进反腐、伸张正义，而决不能以举报为名用来图私利、泄私愤、徇私情。同时，还要遵纪守法。不能认为动机不错，就可以捕风捉影、添油加醋、妄加揣测、以讹传讹。反映问题，必须有事实依据或可靠线索。尤其作为党员干部和公职人员，向组织反映问题，是极其严肃的政治行为，对当事人和对自己都是非同小可的事，必须严肃对待，决不允许诬告陷害他人。

“扬汤止沸，不如去薪。”遏制诬告歪风，建立诬告行为严惩机制是治本之策。对造谣诽谤诬告他人的，一经查实，应当给予严肃处理，提高党纪国法的震慑作用，让那些打着“想告谁就告谁、想怎么告就怎么告”小算盘的诬告者自食苦果，“搬起石头砸自己脚”。

44. 以暴力、威胁、贿赂、欺骗等手段破坏选举，如何给予政务处分？

随着民主政治建设的不断发展和进步，党和国家高度重视民意，无论是在党内政治生活中，还是在人大、政府等多项工作中都建立健全了民主程序。“投票”和“选举”成为常用的工作方式。但是在投票和选举过程中，一些人为达个人目的不择手段地干扰和影响他人意愿，甚至以暴力、威胁、贿赂、欺骗等手段破坏选举，严重影响了投票和选举结果的客观公正，也造成了十分恶劣的社会影响。

根据《中华人民共和国全国人民代表大会和地方各级人民代表大会选举法》第五十八条的规定，为保障选民和代表自由行使选举权和被选举权，对有下列行为之一，破坏选举，违反治安管理规定的，依法给予治安管理处罚；构成犯罪的，依法追究刑事责任：（一）以金钱或者其他财物贿赂选民或者代表，妨害选民和代表自由行使选举权和被选举权的；（二）以暴力、威胁、欺骗或者其他非法手段妨害选民和代表自由行使选举权和被选举权的；（三）伪造选举文件、虚报选举票数或者有其他违法行为的；（四）对于控告、检举选举中违法行为的人，或者对于提出要求罢免代表的人进行压制、报复的。国家工作人员有前款所列行为的，还应当由监察机关给予政务处分或者由所在机关、单位给予处分。以本条第一款所列违法行为当选的，其当选无效。

对于上述行为的治安管理处罚，《治安管理处罚法》第二十三条第一款第五项规定：破坏依法进行的选举秩序的，处警告或者二百元以下罚款；情节较重的，处五日以上十日以下拘留，可以并处五百元以下罚款。

上述违法行为，每一种都可以达到犯罪的严重程度。根据《刑法》第二百五十六条之规定，破坏选举罪是指违反选举法的规定，以暴力、威胁、欺骗、贿赂、伪造选举文件、虚报选举票数等手段破坏选举或者妨害选民和代表自由行使选举权和被选举权，情节严重的行为。

破坏选举罪主要表现在两个方面。一是破坏选举工作的正常进行。如用暴力或威胁手段，阻止选举工作人员进行正常的组织和管理活动；故意扰乱选举会场，使选举无法进行；收买、贿赂选举工作人员进行舞弊活动；伪造选举文件、选票或选民证，虚报选票数的；等等。二是妨害选民或代表自由行使选举权和被选举权。例如，用各种手段迫使或诱骗选民违背自己的意志进行投票，或者阻止选民投票；对于控告、检举选举中违法行为的人，或对于提出要求罢免代表的人进行压制报复的；等等。

依照法律规定，行为人只要是实施了上述行为之一，情节严重的，就构成了破坏选举罪。根据刑法的规定，构成破坏选举罪的，处三年以下有期徒刑、拘役或者剥夺政治权利。如果是公职人员实施上述行为，但情节不够严重、尚不构成刑事处分，应依据《政务处分法》第三十二条第五项“以暴力、威胁、贿赂、欺骗等手段破坏选举的，予以警告、记过或者记大过；情节较重的，予以降级或者撤职；情节严重的，予以开除”之规定予以相应的政务处分。

对于干扰和破坏选举的行为，《中国共产党纪律处分条例》也作出了纪律规制。条例第七十五条第一款规定：“有下列行为之一的，给予警告或者严重警告处分；情节较重的，给予撤销党内职务或者留党察看处分；情节严重的，给予开除党籍处分：（一）在民主推荐、民主测评、组织考察和党内选举中搞拉票、助选等非组织活动的；（二）在法律规定的投票、选举活动中违背组织原则搞非组织活动，组织、怂恿、诱使他人投票、表决的；（三）在选举中进行其他违反党章、其他党内法规和有关章程活动的。”第二款规定：“搞有组织的拉票贿选，或者用公款拉票贿选的，从重或者加重处分。”

需要注意的是，对搞拉票、助选、贿选等非组织活动行为的认定和处理，特别是在适用《中国共产党纪律处分条例》第七十五条过程中，应注意区分四种情形。其一，在党内的民主推荐、民主测评、组织考察和党内选举中搞拉票、助选等非组织活动的行为。它侵犯的客体是党的组织人事制度。其表现形式多种多样，比如通过宴请、安排消费活动、打电话、发短信、登门拜访、委托或者授意中间人出面说情、举办联谊活动等形式，请求他人给予关照；在选举期间私自向代表赠送纪念品或散发各种宣传材料；参与或者帮助他人拉票助选；等等。其二，在法律规定的投票、选举活动中违背组织原则搞非组织活动，组织、怂恿、诱使他人投票、表决的行为。这里主要指的是在法律规定的投票选举过程中，不贯彻组织意图，违背组织意图，组织、怂恿、诱使他人投票、表决。它侵犯的客体是公民的选举权利和国家的选举制度，同时破坏了党的组织制度。这种行为对于使党的主张通过法定程序成为国家意志，对于使党组织推荐的人选通过法定程序成为国家机关的领导人员具有极大的破坏力。其三，在选举中进行其他违反党章、其他党内法规和有关章程活动的行为。其四，搞有组织的拉票贿选，或者用公款拉票贿选的行为。此类行为对社会风气和政治生态的不良影响更大，危害更严重，要从重或者加重处分。

以非正常手段干扰和影响选举，尤其是以暴力、威胁、贿赂、欺骗等手段破坏选举，是对党纪国法的公然藐视和挑战，无论是谁触及这条底线都必将受到严惩。广大党员干部和公职人员一定要强化政治意识和组织意识，绷紧纪法之弦，确保选举工作依纪依法进行。

45. 贪污贿赂，如何给予政务处分？

贪污是指国家工作人员利用职务上的便利，侵吞、窃取、骗取或者以其他手段非法占有公共财物的行为。贿赂是指为谋取不正当利益，给予对方单位或者个人金钱或其他利益，以排斥竞争对手，获得更大利益的行为。贪污贿赂对党风、政风和社会风气具有极强的腐蚀性，影响恶劣，危害极大。

公职人员贪污贿赂，要受到党纪国法的严肃处理。《政务处分法》第三十三条规定，贪污贿赂的，予以警告、记过或者记大过；情节较重的，予以降级或者撤职；情节严重的，予以开除。如果是具有党员身份的公职人员贪污贿赂，还应给予相应的党纪处分。《中国共产党纪律处分条例》第二十七条规定："党组织在纪律审查中发现党员有贪污贿赂、滥用职权、玩忽职守、权力寻租、利益输送、徇私舞弊、浪费国家资财等违反法律涉嫌犯罪行为的，应当给予撤销党内职务、留党察看或者开除党籍处分。"

公职人员贪污贿赂，如果构成犯罪，要依法追究其刑事责任。根据刑法的规定，贪污贿赂罪，是指国家工作人员违反国家法律规定，利用职务之便，非法占有、使用公共财物，玷污国家工作人员职务行为的廉洁性的犯罪，也是国家工作人员利用职务便利实施的贪利犯罪的总称。2016 年 4 月 18 日，最高人民法院、最高人民检察院联合发布《关于办理贪污贿赂刑事案件适用法律若干问题的解释》，明确贪污罪、受贿罪的定罪量刑标准以及贪污罪、受贿罪死刑、死缓及终身监禁的适用原则等，强调依法从严惩治贪污贿赂犯罪。

刑法将贪污贿赂罪归为一类，主要是从反腐败的需要出发，贪污贿赂犯罪的共同特点在于侵犯了国家的廉政建设制度，即侵犯了国家工作人员职务的廉洁性，败坏国家工作人员的声誉，损害了党和国家机关在人民群众中的威信。惩治贪污、受贿犯罪，是我国现阶段反腐败斗争的重点，在刑法分则中将贪污贿赂罪列为专门一章，作为独立的类罪，对于加强国家的廉政建设，突出反腐败的打击重点，有效地遏制职务犯罪，都具有积极的意义。

46. 利用职权或职务影响谋私利，如何给予政务处分？

公权姓公，必须公用，只能用来为人民谋利益。习近平总书记指出：“我们的权力是党和人民赋予的，是为党和人民做事用的，只能用来为党分忧、为国干事、为民谋利。”广大公职人员要坚持秉公用权、廉洁用权，不准利用权力为自己和他人谋取私利。

《中国共产党纪律处分条例》第八章“对违反廉洁纪律行为的处分”第八十五条第一款对党员干部廉洁履职提出了总体要求，规定党员干部必须正确行使人民赋予的权力，清正廉洁，反对任何滥用职权、谋求私利的行为。第二款规定了利用职权或者职务上的影响为他人谋取利益，本人的配偶、子女及其配偶等亲属和其他特定关系人收受对方财物的行为。理解这一条款需要注意以下几点：一是本条以党员干部不知道亲属和其他特定关系人收受财物为前提。如果党员干部利用职权或者职务上的影响为他人谋利，且对其亲属和其他特定关系人收受对方财物行为知情，应当按照受贿论处，依据总则中关于纪法衔接的条款处理。二是关于处分档次，党员干部有本条规定的行为，情节较轻的，党组织可以给予批评教育、诫勉或者组织处理等，达到情节较重以上的，依据条例给予党纪处分。《中国共产党纪律处分条例》第八十六条对搞权权交易行为也作出了处理规定："相互利用职权或者职务上的影响为对方及其配偶、子女及其配偶等亲属、身边工作人员和其他特定关系人谋取利益搞权权交易的，给予警告或者严重警告处分；情节较重的，给予撤销党内职务或者留党察看处分；情节严重的，给予开除党籍处分。"《政务处分法》第三十三条第一款第二项规定，利用职权或者职务上的影响为本人或者他人谋取私利的，予以警告、记过或者记大过；情节较重的，予以降级或者撤职；情节严重的，予以开除。

在这里，要解释一下"利用职权或者职务上的影响"的概念。所谓"利用职权"，主要是指利用本人职务上主管、负责、承办某项公共事务的职权，也包括利用职务上有隶属、制约关系的其他人员的职权。"利用职务上的影响"，主要是指行为人与被其利用的人员之间在职务上虽然没有隶属、制约关系，但是行为人利用了本人职权或者地位产生的影响和一定的工作联系等。

权力具有工具性，既可以用来为人民谋利益，也可能被少数人用于行使特权甚至牟取非法利益。用职权或者职务上的影响谋私利属于公权私用的行为，是党纪国法不允许的。梳理一些违纪违法官员的堕落轨迹，不难发现，"症结"就在于他们把自己当作权力的拥有者，把权力变成牟取个人或少数人私利的工具，公权私用，假公济私，甚至任性用权、胆大妄为，最终受到党纪国法严惩也是咎由自取。

47. 纵容、默许特定关系人利用本人职权或职务影响谋私利，如何给予政务处分？

现实中，经常有一些公职人员忘记手中的权力是人民赋予的，应该为人民多出力、多谋利，不仅利用职务便利为自己谋取私利，还默许纵容配偶、子女及其配偶等亲属、身边工作人员和其他特定关系人利用本人职权或者职务上的影响谋取私利。这导致正常的同志关系变成商品交换关系，滥用权力、贪污受贿、腐化堕落现象滋生蔓延，严重损害党和政府的形象。

纵容、默许特定关系人利用本人职权或职务影响谋私利是党纪国法严格禁止的。《关于新形势下党内政治生活的若干准则》指出："领导干部特别是高级干部必须注重家庭、家教、家风，教育管理好亲属和身边工作人员。严格执行领导干部个人有关事项报告制度，进一步规范领导干部配偶子女从业行为。禁止利用职权或影响力为家属亲友谋求特殊照顾，禁止领导干部家属亲友插手领导干部职权范围内的工作、插手人事安排。各级领导班子和领导干部对来自领导干部家属亲友的违规干预行为要坚决抵制，并将有关情况报告党组织。"《中国共产党廉洁自律准则》要求党员领导干部廉洁从政，自觉保持人民公仆本色；廉洁齐家，自觉带头树立良好家风。《中国共产党纪律处分条例》第八十七条第一款规定："纵容、默许配偶、子女及其配偶等亲属、身边工作人员和其他特定关系人利用党员干部本人职权或者职务上的影响谋取私利，情节较轻的，给予警告或者严重警告处分；情节较重的，给予撤销党内职务或者留党察看处分；情节严重的，给予开除党籍处分。"第二款规定："党员干部的配偶、子女及其配偶等亲属和其他特定关系人不实际工作而获取薪酬或者虽实际工作但领取明显超出同职级标准薪酬，党员干部知情未予纠正的，依照前款规定处理。"《公务员法》规定，公务员应当遵纪守法，不得贪污贿赂，利用职务之便为自己或者他人谋取私利。《政务处分法》第三十三条第一款第三项规定，纵容、默许特定关系人利用本人职权或者职务上的影响谋取私利的，予以警告、记过或者记大过；情节较重的，予以降级或者撤职；情节严重的，予以开除。

禁止公职人员纵容、默许特定关系人利用本人职权或者职务上的影响谋取私利，主要是为了避免以权谋私以及出现与公共利益发生冲突的行为。公职人员不仅要管好自己，还要管好自己的亲属、身边的工作人员和其他特定关系人。对身边人及其他特定关系人利用公职人员本人职权或职务影响谋取私利的行为不闻不问，甚至包庇或故意纵容，最终的结果不仅会害了他人，也会害了自己。

48. 拒不按照规定纠正特定关系人违规任职、兼职，如何给予政务处分？

依据最高人民法院、最高人民检察院2007年印发的《关于办理受贿刑事案件适用法律若干问题的意见》，特定关系人是指与国家工作人员有近亲属、情妇（夫）以及其他共同利益关系的人。特定关系人就是有共同利益关系的人，认定是否属于特定关系人，关键在于是否与国家工作人员有共同利益关系。共同利益关系主要是指经济利益关系。纯粹的同学、同事、战友关系，没有共同经济利益关系交叉，不属于上述共同利益关系。同时，共同利益关系不限于共同财产关系，经济利益包括财产利益和财产性利益。

近年来，对特定关系人违规任职、兼职的通报不在少数，但仍有少数党员干部和公职人员不知制止，甚至有意纵容，违反了党纪国法。《中国共产党纪律处分条例》第九十七条规定，党员领导干部的配偶、子女及其配偶，违反有关规定在该党员领导干部管辖的地区和业务范围内的外商独资企业、中外合资企业中担任由外方委派、聘任的高级职务或者违规任职、兼职取酬的，该党员领导干部应当按照规定予以纠正；拒不纠正的，其本人应当辞去现任职务或者由组织予以调整职务；不辞去现任职务或者不服从组织调整职务的，给予撤销党内职务处分。《政务处分法》第三十三条第二款规定，拒不按照规定纠正特定关系人违规任职、兼职或者从事经营活动，且不服从职务调整的，予以撤职。

特定关系人违规任职、兼职，很有可能导致权力寻租和腐败问题。一些企业之所以愿意聘用特定关系人，往往看重的是这些人背后的公职人员及领导干部手中的权力和职务影响力能带来额外福利。比如，有的公职人员为企业在某些方面的非正常发展充当“保护伞”，有的利用自己手中的权力和关系网，为企业在贷款、招投标等方面牵线搭桥、开方便之门。这不仅扰乱了市场原本正常的竞争秩序，更破坏了社会的公平正义。因此，对特定关系人违规任职、兼职这类问题必须严肃惩处，让“权”与“利”彻底分家。

49. 拒不按照规定纠正特定关系人违规从事经营活动，如何给予政务处分?

特定关系人违规从事经营活动，实质上是以权谋私的行为。《中国共产党纪律处分条例》第九十七条规定，党员领导干部的配偶、子女及其配偶，违反有关规定在该党员领导干部管辖的地区和业务范围内从事可能影响其公正执行公务的经营活动，该党员领导干部应当按照规定予以纠正；拒不纠正的，其本人应当辞去现任职务或者由组织予以调整职务；不辞去现任职务或者不服从组织调整职务的，给予撤销党内职务处分。《政务处分法》第三十三条第二款规定，拒不按照规定纠正特定关系人违规任职、兼职或者从事经营活动，且不服从职务调整的，予以撤职。

《中国共产党纪律处分条例》所称“在该党员领导干部管辖的地区和业务范围内从事可能影响其公正执行公务的经营活动”，主要是指在该党员领导干部管辖的地区和业务范围内个人从事可能与公共利益发生冲突的经商办企业等经营活动。具体包括：（一）主管行业的部门和行政机构的领导干部，党委、政府领导班子成员中分管上述部门和行政机构的领导干部，其配偶、子女在该领导干部管辖的业务范围内，从事与该领导干部管辖的行业业务相同的经商办企业活动；与该领导干部管辖的部门、行政机构、行业内的机关、社会团体、国有企业、事业单位直接发生商品、劳务、经济担保等经济关系。（二）主管教育、文化、体育、卫生、民政等事业的部门和行政机构的领导干部，党委、政府领导班子成员中分管上述部门和行政机构的领导干部，其配偶、子女在该领导干部管辖的业务范围内，从事属于该领导干部管辖的部门和行政机构管理的经营性活动；与该领导干部管辖的部门和行政机构及其所属的机关、社会团体、事业单位直接发生商品、劳务、经济担保等经济关系。（三）除第（一）项、第（二）项以外的其他党政机关的领导干部，其配偶、子女从事向该领导干部管辖的业务范围内的党政机关、社会团体提供商品、劳务等经营活动；在该领导干部管辖的业务范围内从事由政府投资或审批的项目的投标、承包等活动。（四）领导干部的配偶、子女在该领导干部任职单位管辖的地区内从事营业性酒店、饭店、娱乐、商城、洗浴等行业的经营活动。（五）单位领导班子中的领导干部，其配偶、子女为该单位直接管辖的案件和具体事项提供有偿社会中介和法律服务活动；单位内设机构的领导干部，其配偶、子女为该内设机构直接管辖的案件和具体事项提供有偿社会中介和法律服务活动。（六）上市公司的行业主管部门、上市公司的国有控股单位的主管部门、证券监督管理机构的领导干部，其配偶、子女从事上述部门、机构所管理的公司的证券交易活动；以及从事其他可能与公共利益发生冲突的经商办企业活动。[①]

配偶、子女及其配偶等亲属和其他特定关系人违规从事经营活动，按规定应予纠正而拒不纠正，又不辞去现任职务或不服从职务调整的，纪检监察机关应根据《中国共产党纪律处分条例》《政务处分法》给予相应的党纪及政务处分。广大公职人员及领导干部要始终做到廉洁齐家，廉洁用权，公私分明，严守党纪红线与国法底线，不抱任何侥幸心理，坚决抵制违纪违法行为。

50. 收受可能影响公正行使公权力的财物，如何给予政务处分？

在现实生活中，有些行使公权力的公职人员利欲熏心，单向收礼，收受可能影响公正行使公权力的财物。一些企业老板为了搞长线的感情投资，利用逢年过节及各种时机拉拢腐蚀公职人员，将其送礼行为蒙上温情脉脉的面纱。这些商人看中的正是公职人员手中的权力。但是，一些公职人员却放松自律要求，认为这不会有问题，在送礼的人有求于他们时，也就不好拒绝，进而一步步滑向深渊。

《中国共产党纪律处分条例》第八十八条第一款规定："收受可能影响公正执行公务的礼品、礼金、消费卡和有价证券、股权、其他金融产品等财物，情节较轻的，给予警告或者严重警告处分；情节较重

① 《如何理解关于不纠正亲属违规从业行为及其适用的处分种类和幅度的规定》，《中国纪检监察杂志》2018年第18期。

的，给予撤销党内职务或者留党察看处分；情节严重的，给予开除党籍处分。”条例第八十八条没有对收受礼品、礼金、消费卡和有价证券、股权、其他金融产品等行为搞简单的“一刀切”，而是区别不同情况分别作出了规定。第一款规定，收受可能影响公正执行公务的礼品、礼金、消费卡和有价证券、股权、其他金融产品等财物，要视情节轻重给予相应的纪律处分，也就是说，对于可能影响公正执行公务的礼品、礼金、消费卡和有价证券、股权、其他金融产品等财物一律不准收受。第二款规定，收受其他明显超出正常礼尚往来的财物，要予以纪律处分。也就是说，日常生活中收受同事、同学、老乡、朋友等赠送的财物，虽与公正执行公务无关，但如果“明显超出正常礼尚往来”，要予以纪律处分。所谓“明显超出正常礼尚往来”，主要是指明显超出当地经济发展、生活水平、风俗习惯、个人经济能力以及一般的、正常的、礼节性的来往。

对于此类行为，《政务处分法》第三十四条第一款规定：“收受可能影响公正行使公权力的礼品、礼金、有价证券等财物的，予以警告、记过或者记大过；情节较重的，予以降级或者撤职；情节严重的，予以开除。”在这里要注意，本条规定所说的“可能影响公正行使公权力的财物”，既包括管理和服务对象所赠，也包括主管范围内的下属单位和个人所赠，还包括其工作业务范围内外商、私营企业主所赠，以及其他与行使职权有关系的单位和个人所赠。“财物”，包括货币、物品和财产性利益。财产性利益包括可以折算为货币的物质利益，如房屋装修、债务免除等，以及需要支付货币的其他利益，如会员服务、旅游等。这里所说的“可能”，主要是指预防性，即具有影响公正行使公权力的可能性，就应当禁止，而不能等到已经产生了影响公正行使公权力的后果才去处理。

另外，要注意把握《中国共产党纪律处分条例》和《政务处分法》规定的上述违纪违法行为与受贿罪的区分。根据最高人民法院、最高人民检察院《关于办理贪污贿赂刑事案件适用法律若干问题的解释》第十三条第二款规定，“国家工作人员索取、收受具有上下级关系的下属或者具有行政管理关系的被管理人员的财物价值三万元以上，可能影响职权行使的，视为承诺为他人谋取利益”，即如果收受的具有上下级关系的下属或者具有行政管理关系的被管理人员的财物价值达到三万元，则可认定为受贿。

公职人员接受可能影响公正行使公权力的财物，无论是否产生了影响公正行使公权力的后果，都要受到法律惩处；如果是党员干部，还要受到党纪处分。这是为了严格防止党员干部和公职人员因接受财物馈赠而影响公正执行公务或公正行使公权力，督促党员干部和公职人员正确履行职责作出的规定。到底哪些“礼物”不能收、哪些东西不能要，每一名公职人员心中都应该有一杆“明秤”。

51. 向公职人员及其特定关系人赠送可能影响公正行使公权力的财物，如何给予政务处分？

公职人员之间进行正常的礼尚往来和经济交往，不会违反党纪国法。但如果“明显超出正常礼尚往来”的界限，赠送超标准、超规模的财物，或者赠送可能影响公正行使公权力的财物，不仅违反党纪国法，而且可能会构成行贿犯罪。

《中国共产党纪律处分条例》第八十九条规定：“向从事公务的人员及其配偶、子女及其配偶等亲属和其他特定关系人赠送明显超出正常礼尚往来的礼品、礼金、消费卡和有价证券、股权、其他金融产品等财物，情节较重的，给予警告或者严重警告处分；情节严重的，给予撤销党内职务或者留党察看处分。”《政务处分法》第三十四条第二款规定：“向公职人员及其特定关系人赠送可能影响公正行使公权力的礼品、礼金、有价证券等财物，或者接受、提供可能影响公正行使公权力的宴请、旅游、健身、娱乐等活动安排，情节较重的，予以警告、记过或者记大过；情节严重的，予以降级或者撤职。”

在现实中，许多党员干部和公职人员对能否送礼，仍心存侥幸，总认为“给人送点总没啥大错吧”“给领导身边的人送应该没事吧”。殊不知，不仅收礼不对，不合规矩的送礼，也是错的。正当的、合法的礼尚往来没有任何问题，但以礼尚往来为名义收礼送礼，是党纪国法所不允许的。在工作生活中，党员干部和公职人员应当注意，送礼构成违纪或违法与是否为利益目的无关。向领导干部、公职人员及其特定关系人赠送礼品、礼金、有价证券等财物构成违纪违法，并不需要有谋取利益的想法，哪怕为了融洽关系，只要所赠送礼品明显超出正常礼尚往来水平或者可能影响公权力公正行使，即可能构成违纪或者违法。与此同时，正式实施的刑法修正案九正式将“向领导身边人行贿”入刑，一旦“送礼人”有谋取不正当利益的主观故意，且向身边人送礼金额超过三万元，就可能构成行贿犯罪。

送礼和收礼是一枚硬币的正反面。向公职人员赠送超出正常礼尚往来的财物，将会滋生更多权力寻租，使公职人员“收礼受贿”之风盛行。公职人员要始终做到防微杜渐，拒腐蚀、永不沾，既不违规收礼，也不违规送礼，营造风清气正的良好政治生态。

52. 接受、提供可能影响公正行使公权力的活动安排，如何给予政务处分？

一直以来，公职人员接受私营企业主、下属等管理服务对象的宴请、娱乐等活动安排的问题时有发生，有必要严加约束此类现象。《政务处分法》第三十四条第二款规定，接受、提供可能影响公正行使公权力的宴请、旅游、健身、娱乐等活动安排，情节较重的，予以警告、记过或者记大过；情节严重的，予以降级或者撤职。

本条款规定的是接受对方安排的可能影响公正行使公权力的宴请、旅游、健身、娱乐等各种活动安排的行为，或者是为他人提供可能影响公正行使公权力的宴请、旅游、健身、娱乐等各种活动安排的行为。本条款强调的是可能影响公正行使公权力，破坏的是职务行为的廉洁性。“宴请”，包括在公务交往中的宴请和非公务交往中的宴请。“可能影响公正行使公权力的宴请、旅游、健身、娱乐等活动安排”，主要是指与行使公权力相关联的、与公正行使公权力相冲突的宴请以及旅游、健身、娱乐等活动安排。接受这些活动安排，就有可能影响公正行使公权力。这种“可能”，不以接受安排者的主观意愿为依据，而应根据客观情况分析判定。需要注意的是，如果所花费的是公款，一经查处，费用应当由宴请等活动提供者和接受宴请等活动安排的人员个人负担。公职人员有本条规定的行为，情节较轻的，可以给予批评教育、诫勉或者组织处理等；达到情节较重以上的，监察机关依据本条款规定给予相应的政务处分。

在这里要强调的是，上述行为也是党规党纪明令禁止的，是违反中央八项规定和党的廉洁纪律的行为。《中央政治局关于改进工作作风、密切联系群众的八项规定》第一条指出：“要轻车简从、减少陪同、简化接待，不张贴悬挂标语横幅，不安排群众迎送，不铺设迎宾地毯，不摆放花草，不安排宴请。”《中国共产党纪律处分条例》第九十二条规定：“接受、提供可能影响公正执行公务的宴请或者旅游、健身、娱乐等活动安排，情节较重的，给予警告或者严重警告处分；情节严重的，给予撤销党内职务或者留党察看处分。”

对于别有所图的宴请、旅游、健身、娱乐等活动安排，公职人员一定要严肃对待，以免影响公权力的公正行使，这是党纪国法的底线。在群众一键就能举报的今天，如顶风违纪违法，受到处分就是必然。广大公职人员一定要牢记身份和职责，严于律己，廉洁用权，保持清醒头脑，谨慎而为，切莫接受、提供可能影响公正行使公权力的宴请、旅游、健身、娱乐等活动安排。

53. 违规设定、发放薪酬或者津贴、补贴、奖金，如何给予政务处分？

在国家统一工资政策之外违规设定、发放薪酬，违规发放各类津贴、补贴和奖金，大多存在着资金来源不规范等问题。从中央纪委国家监委通报曝光的案例来看，虽然中央明令禁止、三令五申，但各地仍有一些单位及其领导存在错误观念和侥幸心理，或照搬以往的惯性做法，或以各种隐性的、变相的方式顶风违纪。这些行为是在慷公家之慨谋取本单位小团体的利益，是对国有资产的侵犯，应依纪依法从严治理。

《中国共产党纪律处分条例》第一百零四条规定："违反有关规定自定薪酬或者滥发津贴、补贴、奖金等，对直接责任者和领导责任者，情节较轻的，给予警告或者严重警告处分；情节较重的，给予撤销党内职务或者留党察看处分；情节严重的，给予开除党籍处分。"2013 年 8 月 1 日起施行的《违规发放津贴补贴行为处分规定》第三条规定："违规发放津贴补贴行为的单位，其负有责任的领导人员和直接责任人员，以及有违规发放津贴补贴行为的个人，应当承担纪律责任。"第十条指出："以虚报、冒领等手段骗取财政资金发放津贴补贴的，给予记大过处分；情节较重的，给予降级或者撤职处分；情节严重的，给予开除处分。"《政务处分法》第三十五条第一项规定，违反规定设定、发放薪酬或者津贴、补贴、奖金的，情节较重的，予以警告、记过或者记大过；情节严重的，予以降级或者撤职。

近年来，反“四风”的力度越来越大，各地已把滥发津贴、补贴、奖金作为查处的重点。但是，一些地区和单位纪法意识淡薄，依旧我行我素，对此必须从严治理，切实做到“零容忍”。各级纪检监察机关要认真落实“一案双查”，不仅要惩处违规发放津贴、补贴的当事人，还要追究主体责任、监督责任。通过问责，层层压实责任，让广大党员干部及公职人员彻底打消侥幸心理，自觉遵规、守纪、守法。

54. 违规公务接待，如何给予政务处分?

违规公务接待容易滋生“舌尖上的腐败”问题，既是社会广泛关注的焦点，也是人民群众痛恨的作风问题。近年来，相继出台的《党政机关厉行节约反对浪费条例》《党政机关国内公务接待管理规定》，为公务接待提出了具体要求。《中国共产党纪律处分条例》和《政务处分法》对违反公务接待管理规定的行为作出处分规定，为公务接待画出了不可逾越的红线和底线。

《党政机关厉行节约反对浪费条例》要求党政机关建立公务接待审批控制制度，对无公函的公务活动不予接待，严禁将非公务活动纳入接待范围。同时强调，党政机关应当严格执行国内公务接待标准，实行接待费支出总额控制制度。接待单位应当严格按标准安排接待对象的住宿用房，协助安排用餐的按标准收取餐费，不得在接待费中列支应当由接待对象承担的费用，不得以举办会议、培训等名义列支、转移、隐匿接待费开支。对于招商引资等活动的接待，《党政机关厉行节约反对浪费条例》规定，有关部门和地方应当参照国内公务接待标准，制定招商引资等活动的接待办法，严格审批，强化管理，严禁超规格、超标准接待，严禁扩大接待范围、增加接待项目，严禁以招商引资等名义变相安排公务接待。

《党政机关国内公务接待管理规定》要求，国内公务接待应当坚持有利公务、务实节俭、严格标准、简化礼仪、高效透明、尊重少数民族风俗习惯的原则。接待单位应当严格控制国内公务接待范围，不得用公款报销或者支付应由个人负担的费用。国家工作人员不得要求将休假、探亲、旅游等活动纳入国内公务接待范围。接待单位应当根据规定的接待范围，严格接待审批控制，对能够合并的公务接待统筹安排。同时强调，国内公务接待不得在机场、车站、码头和辖区边界组织迎送活动，不得跨地区迎送，不得张贴悬挂标语横幅，不得安排群众迎送，不得铺设迎宾地毯；地区、部门主要负责人不得参加迎送。严格控制陪同人数，不得层层多人陪同。

对于接待住宿、用餐及用车，《党政机关国内公务接待管理规定》第九条要求："接待住宿应当严格执行差旅、会议管理的有关规定，在定点饭店或者机关内部接待场所安排，执行协议价格。出差人员住宿费应当回本单位凭据报销，与会人员住宿费按会议费管理有关规定执行。住宿用房以标准间为主，接待省部级干部可以安排普通套间。接待单位不得超标准安排接待住房，不得额外配发洗漱用品。"第十条要求："接待对象应当按照规定标准自行用餐。确因工作需要，接待单位可以安排工作餐一次，并严格控制陪餐人数。接待对象在10人以内的，陪餐人数不得超过3人；超过10人的，不得超过接待对象人数的三分之一。工作餐应当供应家常菜，不得提供鱼翅、燕窝等高档菜肴和用野生保护动物制作的菜肴，不得提供香烟和高档酒水，不得使用私人会所、高消费餐饮场所。"第十一条要求："国内公务接待的出行活动应当安排集中乘车，合理使用车型，严格控制随行车辆。接待单位应当严格按照有关规定使用警车，不得违反规定实行交通管控。确因安全需要安排警卫的，应当按照规定的警卫界限、警卫规格执行，合理安排警力，尽可能缩小警戒范围，不得清场闭馆。"

对于违规公务接待的问题，《中国共产党纪律处分条例》第一百零六条规定："违反公务接待管理规定，超标准、超范围接待或者借机大吃大喝，对直接责任者和领导责任者，情节较重的，给予警告或者严重警告处分；情节严重的，给予撤销党内职务处分。"《政务处分法》规定，对于违反规定超标准、超范围接待的，情节较重的，予以警告、记过或者记大过；情节严重的，予以降级或者撤职。在这里要强调的是，"情节较重"和"情节严重"，应当综合考虑违规接待的标准、超范围的程度，造成的浪费程度以及造成社会不良影响的程度予以确定。达到情节较重的，才给予党纪处分或政务处分，对情节较轻的，应当给予批评教育或者组织处理。

55. 公务交通方面违规，如何给予政务处分？

近年来，公务交通工具的配备使用管理越来越受到重视，其中存在的问题也逐渐得到整治。《中国共产党纪律处分条例》第一百零七条规定："违反有关规定配备、购买、更换、装饰、使用公务交通工具或者有其他违反公务交通工具管理规定的行为，对直接责任者和领导责任者，情节较重的，给予警告或者严重警告处分；情节严重的，给予撤销党内职务或者留党察看处分。"对于公务交通方面的违规行为，《政务处分法》第三十五条规定，情节较重的，予以警告、记过或者记大过；情节严重的，予以降级或者撤职。

2013年印发的《党政机关厉行节约反对浪费条例》对公务用车作出明确的管理规定。其中第二十六条规定："党政机关应当从严配备实行定向化保障的公务用车，不得以特殊用途等理由变相超编制、超标准配备公务用车，不得以任何方式换用、借用、占用下属单位或者其他单位和个人的车辆，不得接受企事业单位和个人赠送的车辆。"同时强调："严格按规定配备专车，不得擅自扩大专车配备范围或者变相配备专车。”第二十七条对公务用车的采购、更新、保险、维修、加油等作出了规定：“公务用车实行政府集中采购，应当选用国产汽车，优先选用新能源汽车。公务用车严格按照规定年限更新，已到更新年限尚能继续使用的应当继续使用，不得因领导干部职务晋升、调任等原因提前更新。公务用车保险、维修、加油等实行政府采购，降低运行成本。”第二十九条规定：“根据公务活动需要，严格按规定使用公务用车，严禁以任何理由挪用或者固定给个人使用执法执勤、机要通信等公务用车，领导干部亲属和身边工作人员不得因私使用配备给领导干部的公务用车。”

为了进一步规范党政机关公务用车管理，有效保障公务活动，促进党风廉政建设和节约型机关建设，中共中央办公厅、国务院办公厅2017年12月印发了《党政机关公务用车管理办法》，明确了公务用车的编制和标准管理、使用和处置管理。其中第六条规定：“党政机关公务用车实行编制管理。车辆编制根据机构设置、人员编制和工作需要等因素确定。机要通信用车、应急保障用车和其他按照规定配备的公务用车编制由公务用车主管部门会同有关部门确定。执法执勤用车、特种专业技术用车编制由财政部门会同有关部门确定，并送公务用车主管部门备案。”第七条第一款规定党政机关配备公务用车应当严格执行以下标准：（一）机要通信用车配备价格12万元以内、排气量1.6升（含）以下的轿车或者其他小型客车。（二）应急保障用车和其他按照规定配备的公务用车配备价格18万元以内、排气量1.8升（含）以下的轿车或者其他小型客车。确因情况特殊，可以适当配备价格25万元以内、排气量3.0升（含）以下的其他小型客车、中型客车或者价格45万元以内的大型客车。（三）执法执勤用车配备价格12万元以内、排气量1.6升（含）以下的轿车或者其他小型客车，因工作需要可以配备价格18万元以内、排气量1.8升（含）以下的轿车或者其他小型客车。确因情况特殊，可以适当配备价格25万元以内、排气量 3.0 升（含）以下的其他小型客车、中型客车或者价格 45 万元以内的大型客车。（四）特种专业技术用车配备标准由有关部门会同财政部门按照保障工作需要、厉行节约的原则确定。第二款规定：“公务用车配备新能源轿车的，价格不得超过 18 万元。”当然，上述配备标准应当根据公务保障需要、汽车行业技术发展、市场价格变化等因素适时调整。

至于公务用车的使用和处置管理，《党政机关公务用车管理办法》第十六条规定：“党政机关应当加强公务用车使用管理，严格按照规定使用公务用车，严禁公车私用、私车公养，不得既领取公务交通补贴又违规使用公务用车。”第十七条规定：“党政机关应当推进公务用车服务平台建设。各地区应当结合实际，将各类公务用车纳入平台集中管理，采用信息化手段统筹调度、高效使用，鼓励通过社会化专业机构提高平台管理运行效率。”第十八条规定：“党政机关应当推进公务用车标识化管理。除涉及国家安全、侦查办案和其他有保密要求的特殊工作用车外，公务用车应当统一标识。”第十九条规定：“党政机关应当建立公务用车管理台账，加强相关证照档案的保存和管理。”第二十条规定：“党政机关应当建立健全公务用车使用管理制度，严格执行，加强监督，降低运行成本。严格公务用车使用时间、事由、地点、里程、油耗、费用等信息登记和公示制度。严格执行回单位或者其他指定地点停放制度，节假日期间除工作需要外应当封存停驶。实行公务用车保险、维修、加油政府集中采购和定点保险、定点维修、定点加油制度，健全公务用车油耗、运行费用单车核算和年度绩效评价制度。”第二十一条规定：“党政机关应当减少公务用车长途行驶，工作人员到外地办理公务，除特殊情况外，应当乘用公共交通工具。外事接待、会议和集体活动用车主要通过社会租赁方式解决。”第二十二条规定：“公务用车使用年限超过 8 年的可以更新；达到更新年限仍能继续使用的，应当继续使用。因安全等原因确需提前更新的，应当严格履行审批手续。公务用车按照规定更新后，可以采取拍卖、厂家回收、报废等方式规范处置旧车。处置收入按照非税收入有关规定管理。”

《党政机关公务用车管理办法》还明确了对公务用车违规的监督问责。公务用车主管部门有违规核定公务用车编制，违规审批超编制、超标准配备公务用车，违规审批未到年限更新公务用车，违规安排公务用车经费预算以及其他未按规定履行管理监督职责行为的，依纪依法追究相关人员责任。党政机关有超编制、超标准配备公务用车，违反规定将公务用车登记在下属单位、企业或者个人名下，公车私用、私车公养，换用、借用、占用下属单位或者其他单位和个人的车辆，挪用或者固定给个人使用执法执勤、机要通信等公务用车，违规处置公务用车等行为的，依纪依法追究相关人员责任。

56. 违规举办会议活动，如何给予政务处分？

一个时期以来，违反会议活动管理规定的问题时有发生。此类行为浪费国家资财，容易滋生享乐主义、奢靡之风，损害党和政府在人民群众心目中的形象，必须坚决制止。

违规举办会议活动是违反中央八项规定精神的行为。《中央政治局关于改进工作作风、密切联系群众的八项规定》明确要求，要精简会议活动，切实改进会风，严格控制以中央名义召开的各类全国性会议和举行的重大活动，不开泛泛部署工作和提要求的会，未经中央批准一律不出席各类剪彩、奠基活动和庆祝会、纪念会、表彰会、博览会、研讨会及各类论坛；提高会议实效，开短会、讲短话，力戒空话、套话。

《党政机关厉行节约反对浪费条例》也对举办会议活动提出严格

要求。其中第三十条规定："党政机关应当精简会议，严格执行会议费开支范围和标准。党政机关会议实行分类管理、分级审批。财政部门应当会同机关事务管理等部门制定本级党政机关会议费管理办法，从严控制会议数量、会期和参会人员规模。完善并严格执行严禁党政机关到风景名胜区开会制度规定。"第三十一条规定："会议召开场所实行政府采购定点管理。会议住宿用房以标准间为主，用餐安排自助餐或者工作餐。会议期间，不得安排宴请，不得组织旅游以及与会议无关的参观活动，不得以任何名义发放纪念品。"同时要求"完善会议费报销制度。未经批准以及超范围、超标准开支的会议费用，一律不予报销。严禁违规使用会议费购置办公设备，严禁列支公务接待费等与会议无关的任何费用，严禁套取会议资金"。第三十二条规定，严禁以培训名义召开会议，严禁以培训名义进行公款宴请、公款旅游活动。第三十三条规定："未经批准，党政机关不得以公祭、历史文化、特色物产、单位成立、行政区划变更、工程奠基或者竣工等名义举办或者委托、指派其他单位举办各类节会、庆典活动，不得举办论坛、博览会、展会活动。严禁使用财政性资金举办营业性文艺晚会。从严控制举办大型综合性运动会和各类赛会。经批准的节会、庆典、论坛、博览会、展会、运动会、赛会等活动，应当严格控制规模和经费支出，不得向下属单位摊派费用，不得借举办活动发放各类纪念品，不得超出规定标准支付费用邀请名人、明星参与活动。为举办活动专门配备的设备在活动结束后应当及时收回。"第三十四条对各类评比达标表彰活动也作出明确规定："严格控制和规范各类评比达标表彰活动，实行中央和省（自治区、直辖市）两级审批制度。评比达标表彰项目费用由举办单位承担，不得以任何方式向相关单位和个人收取费用。"

开会和办活动不是小事情，反映着干部作风，折射着党风政风。对违规举办会议活动的问题，必须从严治理。《中国共产党纪律处分条例》第一百零八条第一款规定，对违规到禁止召开会议的风景名胜区开会、违规决定或者批准举办各类节会、庆典活动这两种行为，对直接责任者和领导责任者，情节较重的，给予警告或者严重警告处分；情节严重的，给予撤销党内职务处分。第二款规定，擅自举办评比达标表彰活动或者借评比达标表彰活动收取费用的，依照前款规定处理。《政务处分法》规定，违规举办会议活动，情节较重的，予以警告、记过或者记大过；情节严重的，予以降级或者撤职。

57. 违规超标准配备办公用房，如何给予政务处分?

一段时间以来，少数公职人员阳奉阴违，利用职权之便违规超标配备、使用办公用房，不但办公用房面积超标，办公设备、室内装修也屡屡超标，不但带坏了党风和政风，也损害了党和政府在群众心中的形象。对于此类现象，必须从严治理。

《中央政治局关于改进工作作风、密切联系群众的八项规定》第八条规定："要厉行勤俭节约，严格遵守廉洁从政有关规定，严格执行住房、车辆配备等有关工作和生活待遇的规定。"《党政机关厉行节约反对浪费条例》第三十五条规定："党政机关办公用房应当严格管理，推进办公用房资源的公平配置和集约使用。凡是超过规定面积标准占有、使用办公用房以及未经批准租用办公用房的，必须腾退。"《中国共产党纪律处分条例》第一百零九条第二项规定，违反办公用房管理等规定，超标准配备、使用办公用房的，对直接责任者和领导责任者，情节较重的，给予警告或者严重警告处分；情节严重的，给予撤销党内职务处分。《政务处分法》第三十五条第二项规定，违反规定在办公用房等方面超标准、超范围的，情节较重的，予以警告、记过或者记大过；情节严重的，予以降级或者撤职。

超标配备、使用办公用房不但是严重的铺张浪费，还会诱发公权私用的腐败行为；不但败坏党风、政风和社会风气，还严重损害党和政府形象，被群众所诟病。近年来，中央清理党政机关办公用房等方面的措施日益严格。2017 年 12 月，中共中央办公厅、国务院办公厅印发了《党政机关办公用房管理办法》，这是我国首部全国层面统一规范各级党政机关办公用房管理的党内法规，为党政机关办公用房管理提供了制度保障。《党政机关办公用房管理办法》指出，“领导干部办公用房配备情况应当按年度报机关事务管理部门备案，严禁超标准配备、使用办公用房”。同时规定，使用单位“为工作人员超标准配备办公用房，或者未经批准配备两处以上办公用房的”，要依纪依法追究相关人员责任。

从各地对于违规超标准配备、使用办公用房问题的查处和通报情况来看，我们对此类问题始终保持着力度不减、尺度不松、节奏不停的高压态势，但要根治此类乱象，必须要精准发力，综合施策，有的放矢。要将规范领导干部办公用房上升到讲政治纪律和政治规矩的高度，将其作为改进工作作风、落实中央八项规定精神的有力抓手。此外，要强化督察，促使各级各地认真对照检查，主动整改，如实汇报，强化督促整改，列出问题清单和整改时间表，对照着整改要求不折不扣落实。更要从严从实，紧盯问题多发、集中的地方，发现一起严肃查处一起，并通报曝光，形成“不敢”的氛围。

58. 违规提高工作生活保障等方面的待遇标准，如何给予政务处分？

近年来，一些地方和部门的领导干部在工作生活待遇上追求奢靡、享受特权，造成不良的社会影响，干部群众对此反映强烈。邓小平同志曾针对干部特殊化问题指出："我们的高级干部现在并不是工资太高，而是其他方面的待遇太宽了。这样就要脱离群众，脱离干部，甚至腐蚀自己的子女和家庭，把风气带坏了，官僚主义也无法克服。"党的十八届三中全会通过的《中共中央关于全面深化改革若干重大问题的决定》明确提出要"规范并严格执行领导干部工作生活保障制度"，具有极强的针对性。这也是在新形势下改进党的作风，坚决反对特权思想和作风的重要内容。

特权大多产生于干部或特殊利益群体之中，是普通民众不能享有的权力。邓小平同志指出："要讲特殊化，恐怕首先表现在高级干部身上。"习近平总书记指出："在我们的一些干部中，特权思想、特权现象还是比较严重的。从上到下的一些干部中，违规占有多套住房的，违规占有公家车辆的，以各种形式侵占公共利益的，违规侵占群众利益的，明里暗里为子女亲属升官发财奔走的，以权枉法的，不乏其人啊！这些特权现象严重损害了社会公平正义，引起了群众极大不满。"

风成于上，俗化于下。领导干部特别是高级领导干部是反对特权思想和特权现象的重点和关键。邓小平同志指出，我们必须恢复和发扬党的艰苦朴素、密切联系群众的优良传统，"只要高级干部带头，这个事情就好办了"。"善禁者，先禁其身而后人。"习近平总书记指出："反腐倡廉建设，必须从领导干部特别是主要领导干部抓起。主要领导干部也就是一把手，把该负的责任负起来了，把自身管好了，很多事就好办多了。"他对高级干部提出要求，强调："各级领导干部特别是高级干部要自觉遵守廉政准则，既严于律己，又加强对亲属和身边工作人员的教育和约束，决不允许以权谋私，决不允许搞特权。"

特权思想和作风与党的宗旨和性质相背离，与我国的社会主义制度格格不入。我们必须消除领导干部职务消费过高、享受待遇过多过高、利用职权为亲属或身边人员谋利、凌驾于法律制度和组织之上等特权作风。《关于新形势下党内政治生活的若干准则》强调，各级领导干部要“带头执行廉洁自律准则，自觉同特权思想和特权现象作斗争，不准利用权力为自己和他人谋取私利”，“禁止违反规定提高干部待遇标准”。《政务处分法》规定，违反规定在工作生活保障等方面超标准、超范围的，情节较重的，予以警告、记过或者记大过；情节严重的，予以降级或者撤职。

在公职人员生活保障等方面的待遇上，我们要贯彻落实相关制度，进一步规范公职人员廉洁自律行为。各级纪检监察机关要严肃查处公职人员在工作生活待遇方面的违纪违法行为，充分发挥党纪国法的刚性约束作用。要进一步加强舆论监督和社会监督，形成各方面监督的合力，让违反规定和超标准享受待遇者受到惩处。

59. 违规公款消费，如何给予政务处分？

公款浪费历来为民众深恶痛绝，超规格的公务接待和名目繁多的公款浪费，给国家和社会带来了不可估量的损失，也严重损害了党和政府的形象。此类问题若不加以根治，将削弱群众基础、动摇执政根基。

十八大以来，经过大力整治，享乐主义和奢靡之风虽然有所好转，但树倒根在，防止反弹的任务依然艰巨。有些地方和部门公款旅游、公款吃喝、违规接待的现象死灰复燃，大有“不收手不收敛”的迹象。公款消费之所以屡禁不止，甚或有反弹回潮的迹象，一个重要原因是部分党员干部和公职人员存在认识上的偏差。有的认为落实八项规定精神搞了这么多年，差不多了；有的认为吃点喝点是人之常情，“无酒不成席”，不来点，不够意思。此外，也有部分接受违规公务接待的人员存在侥幸心理，认为“吃一点、喝一点，并不是什么大事”，只要“政治上没事”就没事。还有人认为，“吃喝不是为自己”，是为了“资金拨付、项目落地”等等，可谓“吃喝有理”。而在一些地方和部门，财务报销制度不够严谨，也给种种违规操作留下了可乘之机。

对公款消费，关键是要扎紧制度的笼子。《中国共产党纪律处分条例》第一百零三条规定：“违反有关规定组织、参加用公款支付的宴请、高消费娱乐、健身活动，或者用公款购买赠送或者发放礼品、消费卡（券）等，对直接责任者和领导责任者，情节较轻的，给予警告或者严重警告处分；情节较重的，给予撤销党内职务或者留党察看处分；情节严重的，给予开除党籍处分。”第一百零五条对公款旅游或以学习培训、考察调研、职工疗养等为名变相公款旅游，在公务活动中借机旅游，以考察、学习、培训、研讨、招商、参展等名义变相用公款出国（境）旅游等违纪行为作出处理规定，要求对直接责任者和领导责任者视情节轻重给予警告直至开除党籍处分。第一百零六条规定：“违反公务接待管理规定，超标准、超范围接待或者借机大吃大喝，对直接责任者和领导责任者，情节较重的，给予警告或者严重警告处分；情节严重的，给予撤销党内职务处分。”上述条款都是《中国共产党纪律处分条例》对公款消费这类问题的处理规定。对于此类问题，《政务处分法》第三十五条第三项规定，违反规定公款消费，情节较重的，予以警告、记过或者记大过；情节严重的，予以降级或者撤职。这些规定为公款开销划出了红线和底线，任何人任何时候都不能以任何理由逾越。

党员干部和公职人员必须明白，公款属于人民，必须公平、合理、节俭、有效地用于国计民生，以实现人民利益作为公款支出的唯一目标和标准。如果违背这样的要求，为了人情、面子、舒适、政绩、福利等私利私欲，而慷国家之慨，浪费公款追求奢侈消费、谋取特权待遇等利益分肥行为，都是对公权力的滥用。这些行为不仅推高了行政成本，侵占了本该用于人民群众福利和建设事业的宝贵资金，还降低了服务社会的效能、破坏了市场经济，而且败坏了党和政府的形象。所以，公款浪费之害与执政宗旨相悖，为纪法、民意所不容。

违规公款消费造成的负面影响是非常恶劣的。防范这类问题的发生，一方面要加强纪法教育，使党员干部和公职人员时刻绷紧廉洁自律这根弦，形成“公款姓公，一分一厘都不能乱花”的自觉意识。另一方面，要加强监督检查和财务审计，督促财务制度落实，扎紧“钱袋子”，从源头上堵住违规公款消费的漏洞，让“搭便车”者无可乘之机。

60. 违规从事或参与营利性活动，如何给予政务处分？

近年来，从中央和地方查处的许多案件来看，一些党员干部和公职人员违规从事或参与营利性活动的问题时有发生。例如，一边在公家上班拿着工资，一边自己经商办企业当起老板；或者通过亲属违规经商办企业，搞“一家两制”“官商一体”；或者利用职权和工作之便，从事有偿中介活动，居间牟利。党员干部和公职人员违规从事或参与营利性活动，会大量占用工作时间和精力，且容易导致以权谋私、损公肥私，危害正常的社会经济秩序。这是党纪国法所不允许的。

《中国共产党纪律处分条例》第九十四条第一款规定：“违反有关规定从事营利活动，有下列行为之一，情节较轻的，给予警告或者严重警告处分；情节较重的，给予撤销党内职务或者留党察看处分；情节严重的，给予开除党籍处分：（一）经商办企业的；（二）拥有非上市公司（企业）的股份或者证券的；（三）买卖股票或者进行其他证券投资的；（四）从事有偿中介活动的；（五）在国（境）外注册公司或者投资入股的；（六）有其他违反有关规定从事营利活动的。”第二款规定："利用参与企业重组改制、定向增发、兼并投资、土地使用权出让等决策、审批过程中掌握的信息买卖股票，利用职权或者职务上的影响通过购买信托产品、基金等方式非正常获利的，依照前款规定处理。"第一百零二条第二款还规定，占用公物进行营利活动的，给予警告或者严重警告处分；情节较重的，给予撤销党内职务或者留党察看处分；情节严重的，给予开除党籍处分。《公务员法》第五十九条规定，公务员应当遵纪守法，不得"违反有关规定从事或者参与营利性活动"。《政务处分法》第三十六条规定，违反规定从事或者参与营利性活动的，予以警告、记过或者记大过；情节较重的，予以降级或者撤职；情节严重的，予以开除。

《中国共产党纪律处分条例》第九十四条、《公务员法》第五十九条和《政务处分法》第三十六条均设置了"违反有关规定"或"违反规定"的前置条件。在这里要指出的是，这些规定主要是指现行有效的党内法规、规范性文件和法律法规，如中共中央、国务院《关于严禁党政机关和党政干部经商、办企业的决定》（1984 年 12 月 3 日）、《关于进一步制止党政机关和党政干部经商、办企业的规定》（1986 年 2 月 4 日），中共中央办公厅、国务院办公厅《关于党政机关兴办经济实体和党政机关干部从事经营活动问题的通知》（1992 年 6 月 26 日）、《关于党政机关工作人员个人证券投资行为若干规定》（2001 年 4 月 3 日）等。

需要强调的是，党规党纪、法律法规禁止党员干部和公职人员违规从事或参与营利性活动，但并不是禁止他们的一切经济行为。在实践中，应当将营利性质浓厚的商业行为与一般社会观念认可的经济行为作适度区分，不能简单地认为党员干部和公职人员只要实施经济行为就是违规从事营利活动。

61. 违规兼任职务、领取报酬，如何给予政务处分？

近年来，对公职人员违规兼职、兼职获取薪酬、奖金、津贴等额外利益的通报不在少数，但仍有少数人铤而走险，不知收手，不知收敛，继续做当官发财的“两栖干部”。当官发财与党的先锋队性质、为人民服务的宗旨格格不入，也与党纪国法的要求相背离。个别公职人员想方设法在官员和“兼职”的双重身份中穿梭，暗中获取额外利益，妄想“两头占”，最终必将落得“两头空”。

中共中央组织部印发的《关于进一步规范党政领导干部在企业兼职（任职）问题的意见》明确指出，现职和不担任现职但未办理退（离）休手续的党政领导干部不得在企业兼职（任职）。按规定经批准在企业兼职的党政领导干部，不得在企业领取薪酬、奖金、津贴等报酬，不得获取股权和其他额外利益。《中国共产党纪律处分条例》第九十四条第三款规定，违反有关规定在经济组织、社会组织等单位中兼职，或者经批准兼职但获取薪酬、奖金、津贴等额外利益，情节较轻的，给予警告或者严重警告处分；情节较重的，给予撤销党内职务或者留党察看处分；情节严重的，给予开除党籍处分。《公务员法》规定，公务员应当遵纪守法，不得在企业或者其他营利性组织中兼任职务。《政务处分法》规定，违反规定兼任职务、领取报酬的，予以警告、记过或者记大过；情节较重的，予以降级或者撤职；情节严重的，予以开除。

党员干部及公职人员到经济组织、社会组织等单位中违规兼职或者兼职获取额外利益，不仅违反党纪国法，甚至会导致权力寻租和腐败问题。一方面，一些企业和社会组织之所以愿意聘用公职人员，往往看重的是这些公职人员手中的权力和职务影响力能带来额外福利。

另一方面，吃人嘴软，拿人手短。公职人员手中掌握着一定的公权力，在企业和社会组织中违规兼职取酬，难免会出现用自身的职务影响力对其进行利益回馈的现象，甚至形成不正当利益的“输送带”。比如，有的公职人员为企业在某些方面的非正常发展充当“保护伞”，有的利用自己手中的权力和关系网，为企业在贷款、招投标等方面牵线搭桥、开方便之门。这不仅扰乱了市场原本正常的竞争秩序，更破坏了社会的公平正义。因此，对违规兼职取酬这类问题必须严肃惩处，让“权”与“利”彻底分家。

62. 利用宗族势力欺压群众，如何给予政务处分？

对于利用宗族势力欺压群众的行为，按照《中国共产党纪律处分条例》规定，应给予撤销党内职务或者留党察看处分；情节严重的，给予开除党籍处分。《政务处分法》规定，公职人员有此类行为，予以撤职；情节严重的，予以开除。

所谓宗族，指的是同一父系的家族及其家族成员。宗族势力是指同宗同族成员形成的力量。几千年来，宗族以及其形成的宗法制度，作为维系和调整人们之间社会关系的重要力量，对我国农村和基层社区的影响是极其深刻和深远的。中华人民共和国成立后，宗族势力在逐渐削弱。但是，根植在人们深层意识的宗族观念和宗法思想还很顽固。近些年来，它在我国一些农村重新抬头和蔓延，对农业生产、农民生活、农村治安和农村基层政权建设都造成了极其严重的危害，这是一个必须高度重视的社会问题。

宗族势力的存在和发展，是由历史、政治、经济、文化等多方面因素影响所决定的。在新的历史条件下，宗族势力活动主要表现在以下几个方面：一是侵蚀基层政权行为。宗族势力采取各种手段影响、把持或侵害基层政权，违规插手、干预基层公共事务管理，妨碍村“两委”工作开展，采取贿赂、威胁、欺骗等手段操纵村“两委”换届选举，采取非法手段争当村干部或扶植代理人，把持基层公共事务等行为。二是侵害群众切身利益行为。宗族势力为了宗族及其成员一方利益，侵害群众合法合理利益，在土地流转、征地拆迁、扶贫资金使用、扶贫项目建设、集体资产处置、农村建房等过程中非法霸占、强拿强要、强买强卖、敲诈勒索、威胁报复等行为。三是阻碍基层经济发展行为。宗族势力利用自身势力影响，暴力打击竞争对手，插手项目建设，非法阻工扰工、强揽工程，霸占村级集体资产，垄断矿产资源，侵蚀农村“三资”等行为。四是影响群众正常生产生活行为。宗族势力仗势欺人，为非作歹、横行乡里、残害无辜，或者采取暴力、胁迫及其他非法手段欺压群众，破坏农村社会治安秩序等行为。

现实中，凡是宗族势力抬头，黑恶势力猖獗的地方，往往跟当地少数干部支持纵容有关。党员干部、公职人员的一言一行都应该代表人民群众利益。在处理各种关系时，应该站在人民群众这一边，而不是人民群众的对立面。但是，一些人不注意，就会站错立场，做出颠倒善恶的事情。一些基层干部和执法人员被族头、黑恶势力拉拢腐蚀，有的执法不公，甚至成为家族势力的代言人；有的横行乡里，甚至利用宗族或者黑恶势力欺压百姓；有的纵容涉黑涉恶活动，甚至充当黑恶势力的“保护伞”。这些行为损害的是老百姓的切身利益，啃食的是人民群众的获得感，挥霍的是基层群众对党的信任，必须严肃处理。

63. 纵容、包庇黑恶势力活动，如何给予政务处分？

黑恶势力是社会毒瘤，严重破坏经济社会秩序，侵蚀党的执政根基。黑恶势力之所以能够由小变大发展起来，一个重要原因就是有公职人员为其提供庇护、充当“保护伞”。那些受到“保护”的黑恶势力自然也更加飞扬跋扈、有恃无恐，令其周围的社会环境乌烟瘴气，老百姓苦不堪言。

黑恶势力“保护伞”，主要是指国家公职人员利用手中权力，参与涉黑涉恶违法犯罪，或包庇、纵容涉黑涉恶活动，为黑恶势力违法犯罪提供便利条件，帮助黑恶势力逃避惩处等行为。黑恶势力“保护伞”主要有以下类型：一是在黑恶势力设立的公司、企业入股分红、合伙经营，或与黑恶势力犯罪分子相互勾结、共同犯罪的。二是利用职务便利，为黑恶势力提供犯罪时间、条件，纵容、包庇犯罪的。三是利用自己的权力和便利，使黑社会性质组织的犯罪分子避免公安司法机关侦查、查禁、指控、起诉、审判和怀疑，为其通风报信，隐匿、毁灭、伪造证据；阻止他人作证、检举揭发，甚至指使他人作伪证；或者阻挠、干扰其他国家机关工作人员依法查禁；以阻挠、拖延、不履行职责等方法，干扰对黑社会性质组织的犯罪分子的查处，为其获取非法利益的。四是为黑恶势力排除异己、谋取利益撑腰出头而违规立案、越权执法、违法办案的。五是对涉黑涉恶犯罪举报人打击报复的。六是对黑恶势力违法犯罪有警不接、有案不立、立而不侦、有证不取、该捕不捕、该诉不诉，以及随意变更强制措施、撤销案件的。七是在办案中跑风漏气、泄露案情，或向黑恶势力犯罪分子通风报信，帮助其逃避处罚的。八是以普通个案处理代替涉黑组织犯罪结案，企图为黑恶势力开脱罪责的。九是捏造事实、毁灭证据、伪造自首立功等材料、不依法履职、审查核实证据，使涉黑涉恶犯罪分子漏捕、漏诉、漏判或重罪轻判的。十是在羁押监管过程中失职渎职，为涉黑涉恶犯罪嫌疑人或罪犯里勾外联、串通案情、遥控指挥提供便利条件或放任不管的。十一是违规违法呈报并办理涉黑涉恶犯罪分子减刑、假释、保外就医、监外执行的。十二是违规违法打探案情、说情打招呼、干预涉黑涉恶案件依法办理的。

现实中，凡是黑恶势力猖獗的地方，往往跟当地少数干部支持纵容有关，其中不可避免地隐藏着腐败问题。打蛇要打七寸，打击黑恶势力，拔除“保护伞”是关键。中共中央、国务院发出的《关于开展扫黑除恶专项斗争的通知》明确要求，把扫黑除恶与反腐败斗争和基层“拍蝇”结合起来，深挖黑恶势力“保护伞”。中央纪委印发《关于在扫黑除恶专项斗争中强化监督执纪问责的意见》提出，把扫黑除恶同反腐败斗争和基层“拍蝇”结合起来，作为整治群众身边腐败问题的一个重点。

消除黑恶势力对人民群众的威胁和滋扰是当前的紧迫任务。对黑恶势力必须坚决“亮剑”，果断出击。在深挖细查的同时，必须坚持与时俱进，严肃处理纵容、包庇黑恶势力活动的行为。新修订的《中国共产党纪律处分条例》紧密结合新时代新使命新要求，增写对利用宗族或者黑恶势力等欺压群众、充当黑恶势力“保护伞”行为的处分规定。《政务处分法》也明确规定，纵容、包庇黑恶势力活动的，予以撤职；情节严重的，予以开除。这些规定对党员干部及公职人员形成有力震慑，为查处涉黑涉恶腐败、推动扫黑除恶专项斗争向纵深发展提供了纪律和法律保障。

64. 违规向管理服务对象收取、摊派财物，如何给予政务处分？

近几年来，一些地区和部门乱收费、乱摊派的问题比较突出，违纪违法现象经常发生，群众对此反映十分强烈。对于此类问题，必须严肃处理。《中国共产党纪律处分条例》第一百一十二条第一款第一项规定，超标准、超范围向群众筹资筹劳、摊派费用，加重群众负担的，对直接责任者和领导责任者，情节较轻的，给予警告或者严重警告处分；情节较重的，给予撤销党内职务或者留党察看处分；情节严重的，给予开除党籍处分。《政务处分法》第三十八条第一款第一项规定，违反规定向管理服务对象收取、摊派财物的，情节较重的，予以警告、记过或者记大过；情节严重的，予以降级或者撤职。

个别公职人员为了个人和小团体利益，利用职务便利，肆意向群众、下属单位以及所辖企业违规收取、摊派财物，严重损害群众利益，影响党和政府形象。比如，有的违规摊派修路款、养桥费，甚至摊派部分或全部公厕、办公楼等基建费用；有的把摊派的黑手伸向企业，以评审费、服务费、卫生费等名义违规收费，或干脆直接以“经费紧张”为由，向企业等服务对象强行摊派不该由其承担的费用；有的直接将应当由个人承担的餐饮费、接待费等费用转到下属单位，强行要求分管单位为其个人消费报销发票；等等。

个别党员干部和公职人员之所以敢明目张胆地违规收取、摊派财物，主要在于权力不受节制，有关部门监管不严，致使一些违规收费和摊派问题频频出现。这些人手握职权，主要针对与自己有上下级隶属关系或有制约关系的管理服务对象，实行强行摊派、变相收费、搭车收费。这种“强行”要求，群众和所属单位虽然不堪重负，却往往敢怒不敢言。

随意摊派、任性收费，背后驱动因素就是小团体利益和个人好处。有些人，见利忘义，无视党纪国法，任性用权，为局部人的利益，不惜侵犯群众、下属企业，包括公家利益。这种行为不仅严重违反有关规定，加重下属单位、群众和企业负担，还会助长大吃大喝、滥发奖金等不正之风，损害党和政府的形象，必须从严查处。

中共中央、国务院《关于坚决制止乱收费、乱罚款和各种摊派的决定》明确指出：“在国家法律、法规和有关规定之外，要求有关单位或个人无偿地、非自愿地提供财力、物力和人力的行为都是摊派，一律予以禁止。任何地方、部门和单位都不准收取上述文件所禁止的费用，不得以赞助、捐赠等为名变相向行政事业单位、企业和个人摊派。”对此，有关部门要加强监督检查，对目无法纪，任性用权征收各种费用或擅自超标准、超范围征收者，严肃查处和问责，决不姑息纵容。

65. 在管理服务活动中故意刁难、吃拿卡要，如何给予政务处分？

权为民所用，利为民所谋，是为官从政的基本要求。行使公权力的公职人员一旦身份认知发生错位，就会把自己的分内之事当作是对群众的“恩赐”，丢了宗旨意识，理直气壮地伸手要好处。现实中，一些党员干部和公职人员不给好处不办事，给了好处乱办事，严重影响党群干群关系。

他们之所以肆无忌惮，一方面认为群众有求于自己，对方敢怒不敢言；另一方面认为即使有群众反映，也是小事一桩，不会触犯党纪国法。殊不知，对于此类不正之风，《中国共产党纪律处分条例》在群众纪律一章专门作出了相应规制。新修订的《中国共产党纪律处分条例》第一百一十二条第一款第五项明确规定，在办理涉及群众事务时刁难群众、吃拿卡要的，对直接责任者和领导责任者，情节较轻的，给予警告或者严重警告处分；情节较重的，给予撤销党内职务或者留党察看处分；情节严重的，给予开除党籍处分。《政务处分法》第三十八条第一款第二项规定，在管理服务活动中故意刁难、吃拿卡要的，情节较重的，予以警告、记过或者记大过；情节严重的，予以降级或者撤职。

虽然与大张旗鼓的贪腐、受贿相比，吃拿卡要只能算是“小巫见大巫”。但是，吃拿卡要伤及的是群众最根本的利益，比起那些大贪污、大腐败更让人觉得恶心。在日常工作中，一些公职人员故意设置障碍、百般刁难，逼着办事单位和群众求他、拜他、孝敬他。这些做法绕着党纪国法打擦边球，具有很强的隐蔽性。他们不给好处不办事，给了好处乱办事，致使公共权力部门化，部门权力个人化，损害群众的利益和政府公信力。

在一些有权力的部门，利用权力吃拿卡要，在一些官员眼中已成了"小事一桩"，甚至成了心照不宣的"潜规则"。对于吃拿卡要之风，必须发生一起严肃查处一起，决不能让这样的恶行有任何抬头之机。

66. 在管理服务活动中态度恶劣粗暴，如何给予政务处分?

近年来，随着作风建设深入推进，"四风"问题得到有效遏制，但需要注意的是，个别公职人员的群众观念仍然十分淡漠，宗旨意识薄弱。有的对待群众态度恶劣、方法简单、作风粗暴，这种现象损害了党群、干群关系，必须加以治理。《中国共产党纪律处分条例》第一百一十六条第三项规定，对待群众态度恶劣、简单粗暴，造成不良影响的，对直接责任者和领导责任者，情节较重的，给予警告或者严重警告处分；情节严重的，给予撤销党内职务或者留党察看处分。《政务处分法》第三十八条第一款第三项规定，在管理服务活动中态度恶劣粗暴，造成不良后果或者影响的，情节较重的，予以警告、记过或者记大过；情节严重的，予以降级或者撤职。

在管理服务活动中态度恶劣粗暴，透露出了少数公职人员身上的官僚主义作风和亟待提高的思想道德修养。公职人员手中的权力是人民赋予的，理应服务于人民。如果总是盛气凌人、高高在上，不仅严重败坏党和政府的形象，更伤害群众感情。

态度决定一切，对待群众、对待管理服务对象的态度不但体现了公职人员个人的修养和素质，也决定着公职人员的工作能力和工作方法所能取得的效果。其实说得更直接一点，对待群众的态度也是一面镜子。它反射着我们自身的一言一行，只是这面镜子分为有形和无形。对政治素质高、个人修养好的人来说，他们时刻记着周围有无数的无形之镜对照着自己，在任何时候都小心谨慎，防微杜渐，很爱惜自己的“羽毛”。

对待群众的态度是一面反射镜，什么样的态度决定了什么样的结果。其实人民群众就如同纯净水，你给予他们什么，他们就会回馈你什么，不管是甜的还是苦的，都会让你感觉到，不管是白的黑的还是透明的，他们都会一一反馈给你。网上也出现过很多官员对待群众时出现过的雷人话语，这些官员最后都受到了相应的处理，这样的结果早在他们口出雷语之时就已经有了预示。而那些对待群众如亲人的人，群众也会给予他们最大的支持和理解，他们的工作能力和个人素质也会得到最大的体现。

根除态度恶劣、简单粗暴的作风“顽疾”，公职人员要先改变思想上的“官念”，摆正自己的位置，强化道德修养和思想觉悟，不断涵养“口德”“行德”和“心德”，增强公仆意识、宗旨意识、群众意识、服务意识，把握好纪法的底线和工作原则，学会化解矛盾，找准处理问题的正确方式方法。

67. 侵犯管理服务对象知情权，如何给予政务处分？

现实中，一些党员干部和公职人员漠视管理服务对象知情权，不按规定公开党务、政务等相关工作信息，侵害了党员、群众的民主权利。之所以出现此类情况，有的是因为干部存在严重的特权思想，有的是因为维护个人和单位的不正当利益。然而，不论出于何种理由，这种行为都是不允许的。《中国共产党纪律处分条例》第一百一十九条规定：“不按照规定公开党务、政务、厂务、村（居）务等，侵犯群众知情权，对直接责任者和领导责任者，情节较重的，给予警告或者严重警告处分；情节严重的，给予撤销党内职务或者留党察看处分。”《政务处分法》第三十八条第一款第四项规定，不按照规定公开工作信息，侵犯管理服务对象知情权，造成不良后果或者影响，情节较重的，予以警告、记过或者记大过；情节严重的，予以降级或者撤职。

有关党务公开，《中国共产党党务公开条例（试行）》第七条第一款规定，党的组织贯彻落实党的基本理论、基本路线、基本方略情况，领导经济社会发展情况，落实全面从严治党责任、加强党的建设情况，以及党的组织职能、机构等情况，除涉及党和国家秘密不得公开或者依照有关规定不宜公开的事项外，一般应当公开。第三款规定，党务公开不得危及政治安全特别是政权安全、制度安全，以及经济安全、军事安全、文化安全、社会安全、国土安全和国民安全等。第八条规定，党的组织应当根据党务与党员和群众的关联程度合理确定公开范围：（1）领导经济社会发展、涉及人民群众生产生活的党务，向社会公开；（2）涉及党的建设重大问题或者党员义务权利，需要全体党员普遍知悉和遵守执行的党务，在全党公开；（3）各地区、各部门、各单位的党务，在本地区、本部门、本单位公开；（4）涉及特定党的组织、党员和群众切身利益的党务，对特定党的组织、党员和群众公开。

《中华人民共和国政府信息公开条例》规定，对涉及公众利益调整、需要公众广泛知晓或者需要公众参与决策的政府信息，行政机关应当主动公开。内容包括以下方面：行政法规、规章和规范性文件；机关职能、机构设置、办公地址、办公时间、联系方式、负责人姓名；国民经济和社会发展规划、专项规划、区域规划及相关政策；国民经济和社会发展统计信息；办理行政许可和其他对外管理服务事项的依据、条件、程序以及办理结果；实施行政处罚、行政强制的依据、条件、程序以及本行政机关认为具有一定社会影响的行政处罚决定；财政预算、决算信息；行政事业性收费项目及其依据、标准；政府集中采购项目的目录、标准及实施情况；重大建设项目的批准和实施情况；扶贫、教育、医疗、社会保障、促进就业等方面的政策、措施及其实施情况；突发公共事件的应急预案、预警信息及应对情况；环境保护、公共卫生、安全生产、食品药品、产品质量的监督检查情况；公务员招考的职位、名额、报考条件等事项以及录用结果；法律、法规、规章和国家有关规定规定应当主动公开的其他政府信息。

除上述应当主动公开的政府信息外，《中华人民共和国政府信息公开条例》第二十一条规定，设区的市级、县级人民政府及其部门还应当根据本地方的具体情况，主动公开涉及市政建设、公共服务、公益事业、土地征收、房屋征收、治安管理、社会救助等方面的政府信息；乡（镇）人民政府还应当根据本地方的具体情况，主动公开贯彻落实农业农村政策、农田水利工程建设运营、农村土地承包经营权流转、宅基地使用情况审核、土地征收、房屋征收、筹资筹劳、社会救助等方面的政府信息。

知情权作为人民民主权利的重要内容，是保护公民自身利益的需要。党员干部和公职人员侵犯管理服务对象知情权，此类行为如果情节较重，应依纪依法严肃处理。按照注重抓早抓小的要求，对于情节轻微的行为，可以运用批评教育、诫勉谈话、组织处理等方式进行处理。

68. 滥用职权，如何给予政务处分？

滥用职权是指超越职权，违法决定、处理其无权决定、处理的事项，或者违反规定处理公务。通常认为，滥用职权的行为主要表现为以下几种情况：一是超越职权，擅自决定或处理无权决定、处理的事项；二是玩弄职权，随心所欲地对事项作出决定或者处理；三是故意不履行应当履行的职责，或者说任意放弃职责；四是以权谋私、假公济私，不正确地履行职责。滥用职权是违反党纪国法的行为，对于行使公权力的公职人员来说是严格禁止的。

党章规定，党的各级领导干部必须“正确行使人民赋予的权力，坚持原则，依法办事”“反对任何滥用职权、谋求私利的行为”。《公务员法》第五十九条规定，公务员应当遵纪守法，不得“滥用职权，侵害公民、法人或者其他组织的合法权益”。《行政机关公务员处分条例》第二十五条明确了对滥用职权行为的处理规定，即给予记过或者记大过处分；情节较重的，给予降级或者撤职处分；情节严重的，给予开除处分。《政务处分法》第三十九条规定，滥用职权，危害国家利益、社会公共利益或者侵害公民、法人、其他组织合法权益，造成不良后果或者影响的，予以警告、记过或者记大过；情节较重的，予以降级或者撤职；情节严重的，予以开除。如果是具有党员身份的公职人员滥用职权，还应给予相应的党纪处分。《中国共产党纪律处分条例》第二十七条对此有明确的规定：“党组织在纪律审查中发现党员有贪污贿赂、滥用职权、玩忽职守、权力寻租、利益输送、徇私舞弊、浪费国家资财等违反法律涉嫌犯罪行为的，应当给予撤销党内职务、留党察看或者开除党籍处分。”

滥用职权的行为，致使公共财产、国家和人民利益造成重大损失的结果时，就构成了犯罪。根据最高人民法院、最高人民检察院《关于办理渎职刑事案件适用法律若干问题的解释（一）》（法释〔2012〕18号）第一条第一款规定，国家机关工作人员滥用职权或者玩忽职守，具有下列情形之一的，应当认定为刑法第三百九十七条规定的“致使公共财产、国家和人民利益遭受重大损失”：（一）造成死亡1人以上，或者重伤3人以上，或者轻伤9人以上，或者重伤2人、轻伤3人以上，或者重伤1人、轻伤6人以上的；（二）造成经济损失30万元以上的；（三）造成恶劣社会影响的；（四）其他致使公共财产、国家和人民利益遭受重大损失的情形。

第一条第二款规定，具有下列情形之一的，应当认定为刑法第三百九十七条规定的“情节特别严重”：（一）造成伤亡达到前款第（一）项规定人数3倍以上的；（二）造成经济损失150万元以上的；（三）造成前款规定的损失后果，不报、迟报、谎报或者授意、指使、强令他人不报、迟报、谎报事故情况，致使损失后果持续、扩大或者抢救工作延误的；（四）造成特别恶劣社会影响的；（五）其他特别严重的情节。

公职人员滥用职权，致使公共财产、国家和人民利益造成重大损失，构成犯罪的，要依法追究其刑事责任。《刑法》第三百九十七条规定，犯滥用职权罪的，处三年以下有期徒刑或者拘役；情节特别严重的，处三年以上七年以下有期徒刑。国家机关工作人员徇私舞弊，犯本罪的，处五年以下有期徒刑或者拘役；情节特别严重的，处五年以上十年以下有期徒刑。

69. 不履行或不正确履行职责，玩忽职守，贻误工作，如何给予政务处分?

公职人员不履行或者不正确履行职责，玩忽职守，贻误工作，造成不良后果或者影响的，根据《政务处分法》第三十九条之规定，要予以警告、记过或者记大过；情节较重的，予以降级或者撤职；情节严重的，予以开除。

在这里，我们应当正确区分一般玩忽职守行为与玩忽职守罪的界限。玩忽职守的行为包括作为和不作为两个方面。所谓玩忽职守的作为，是指国家机关工作人员不认真履行职责义务的行为。比如，有的工作马马虎虎，草率从事，敷衍塞责，违令抗命，极不负责任。有的阳奉阴违，弄虚作假，欺上瞒下，胡作非为等。所谓玩忽职守的不作为，是指国家机关工作人员不尽职责义务的行为。即对于自己应当履行的，而且也有条件履行的职责，不尽自己应尽的职责义务。比如，有的擅离职守，撒手不管；有的虽然未离职守，但却不尽职责，该管不管，该做不做，听之任之等。一般玩忽职守行为，行为人只是具有玩忽职守行为，其玩忽职守行为并没有致使公共财产、国家和人民利益遭受损失；或者虽然造成了一定的损失，但并没有达到重大的程度。而玩忽职守罪，行为人不仅具有玩忽职守行为，而且致使公共财产、国家和人民利益遭受了重大损失。因此，对于一般的玩忽职守行为，可视不同的情况给予政务处分，但不能追究行为人的玩忽职守罪责任。如果是具有党员身份的公职人员有玩忽职守的行为，还应依据《中国共产党纪律处分条例》第二十七条“党组织在纪律审查中发现党员有贪污贿赂、滥用职权、玩忽职守、权力寻租、利益输送、徇私舞弊、浪费国家资财等违反法律涉嫌犯罪行为的，应当给予撤销党内职务、留党察看或者开除党籍处分”之规定，给予相应的党纪处分。

玩忽职守与官僚主义密切相关，官僚主义主要是指领导干部和国家机关工作人员的工作作风问题，因为官僚主义可能导致工作失误、错误，如果官僚主义严重到一定程度，就可能导致滥用职权，或者玩忽职守，给公共财产、国家和人民利益造成重大损失的，可能构成犯罪。《刑法》第三百九十七条第一款对玩忽职守罪有明确的处罚规定：“国家机关工作人员滥用职权或者玩忽职守，致使公共财产、国家和人民利益遭受重大损失的，处三年以下有期徒刑或者拘役；情节特别严重的，处三年以上七年以下有期徒刑。”第二款规定：“国家机关工作人员徇私舞弊，犯前款罪的，处五年以下有期徒刑或者拘役；情节特别严重的，处五年以上十年以下有期徒刑。本法另有规定的，依照规定。”

需要指出的是，玩忽职守罪与滥用职权罪在侵犯的客体、危害后果和主体上基本相同，区别主要在于两个方面。一是主观方面有所不同。滥用职权罪既存在直接故意，也存在间接故意，而玩忽职守罪只存在间接故意；滥用职权罪只存在过于自信的过失，而玩忽职守罪既存在过于自信的过失，也存在疏忽大意的过失。二是客观行为表现不完全相同。滥用职权罪主要表现为违反法律规定的程序和权限，是一种积极的作为；而玩忽职守罪表现为不履行或者不认真履行职责的行为，是一种作为或不作为的方式。

70. 对工作中的形式主义、官僚主义行为，如何给予政务处分？

近年来，我们驰而不息推进作风建设，强力整治“四风”突出问题，享乐主义、奢靡之风问题已经得到有效遏制。但形式主义、官僚主义问题仍然存在，积弊甚深，是阻碍党和国家的路线方针政策、重大决策部署贯彻落实的大敌。

目前，形式主义、官僚主义主要有以下表现：在贯彻落实方面，有的领导干部对贯彻落实中央重大决策部署表态多调门高，但行动少落实差，虚多实少，仅仅满足于“轮流圈阅”“层层转发”“安排部署”，个别领导干部说一套做一套，我行我素。在调查研究方面，有的单位搞形式、走过场，像打造旅游线路一样打造“经典调研线路”，无论什么调研主题，去的是同一条路线、访的是同一批对象、听的是同一套说辞，搞“大伙演、领导看”的走秀式调研。在服务群众方面，有的单位表面上推进服务型政府建设，“门好进、脸好看”，但还是“事难办”，将过去的“管卡压”变成了现在的“推绕拖”；有的政务服务热线电话长期无人接听；有的政府网站更新的内容主要是领导活动，政务公开、便民服务等栏目几乎成为“僵尸”栏目。在项目建设方面，一些地方热衷于打造领导“可视范围”内的项目工程，而不考虑客观实际，“不怕群众不满意，就怕领导不注意”“奖状一屋子，工作还是老样子”。在召开会议方面，一些地方无论什么会议都要层层重复开，一个接一个，检查评比走马灯，导致干部疲于应付，没有时间抓落实。在改进文风方面，有的地方写文件、制文件机械照搬照抄，出台制度规定“依葫芦画瓢”，内容不是来自调查研究，而是源自抄袭拼凑。在责任担当方面，有的领导干部“只求不出事，宁愿不做事”，凡事都要上级拍板，避免自己担责，甚至层层往上报、层层不表态。在工作实效方面，有的地方对工作不重实效重包装，把精力都放在“材料美化”上，一项工作刚开始就急于总结成绩、宣传典型，搞“材料出政绩”。在履行职责方面，有的部门热衷于与下属单位签订“责任状”，将责任下移，试图让下级的“责任状”成为自己的“免责单”。在对待问题方面，有的党员干部对身边不良风气和违规问题态度漠然，事不关己、高高挂起，知情不报、听之任之，甚至在组织向其了解情况时仍不说真话。以上这些问题，看似新表现，实则老问题，必须要下大力气加以整治。

2018 年修订的《中国共产党纪律处分条例》，聚焦形式主义、官僚主义突出问题，把党章、《关于新形势下党内政治生活的若干准则》等党内法规提出的要求凝练为纪律，新增第一百二十二条对贯彻党中央决策部署只表态不落实，热衷于搞舆论造势、浮在表面，以及单纯以会议贯彻会议、以文件落实文件，在实际工作中不见诸行动等行为作出处分规定，靠纪律提供保障，促作风转变。《政务处分法》第三十九条第三项也规定，工作中有形式主义、官僚主义行为，造成不良后果或者影响的，予以警告、记过或者记大过；情节较重的，予以降级或者撤职；情节严重的，予以开除。

形式主义、官僚主义作为“四风”顽症、毒瘤，对党和国家事业危害极大。我们只有在思想上端正了，切实增强危机感和紧迫感，自觉主动抵制戒除形式主义、官僚主义，对其追打不放，不留丝毫漏洞和缝隙，久久为功，才能从根本上清除它们的影响。

71. 对工作中的弄虚作假，误导、欺骗行为，如何给予政务处分?

现实工作中，一些党员干部和公职人员作风不实，弄虚作假，误导和欺骗上级，影响恶劣。《中国共产党纪律处分条例》第一百二十五条第一款规定，在上级检查、视察工作或者向上级汇报、报告工作时对应当报告的事项不报告或者不如实报告，造成严重损害或者严重不良影响的，对直接责任者和领导责任者，给予警告或者严重警告处分；情节严重的，给予撤销党内职务或者留党察看处分。《政务处分法》第三十九条第四项规定，工作中有弄虚作假，误导、欺骗行为，造成不良后果或者影响的，予以警告、记过或者记大过；情节较重的，予以降级或者撤职；情节严重的，予以开除。

《中国共产党纪律处分条例》对上级单位检查、视察工作和向上级汇报、报告工作，有不报告或不如实报告的情况作出的处分规定，是由党的组织机构设置和下级服从上级的关系所决定的，即上级单位对下级单位工作有领导权、检查权，下级要全面、如实报告工作以确保上级单位准确掌控下级工作和动向，具体包括两个方面的含义：一方面，对应当报告的事项全部报告，不遗漏、不隐瞒，让上级单位了解真实情况，对工作中存在的风险和隐患深入分析，对症下药，有效避免下级无法自查自纠。尤其是对于不易发现的细小问题，同样不应放过，多数大规模危机的源头都是一些微不足道的差错，由于没有引起足够注意，最终问题如同滚雪球一样越积越多，造成始料未及的损失。另一方面，对应当报告的事项如实报告，客观描述事实，不避重就轻，不只报喜不报忧，让上级单位了解下级组织机构、人员队伍、资源配备以及工作开展等真实情况，以此发现可能隐藏的问题，及时针对下级仅靠自身力量和专业水平难以解决重大问题的实际，制定计划或优化方案，形成上下级之间科学联动。如果下级不负责任，就会造成上级单位对下级工作作出错误判断和评价，安排部署和督促落实失去准星，埋下危害党和国家利益的隐患。

瞒报说谎非小事，弄虚作假有代价，《中国共产党纪律处分条例》和《政务处分法》均对此类行为作出了处理规定。广大公职人员特别是各级领导干部要以身作则，严格要求自己，同时要坚决杜绝下属弄虚作假、谎报瞒报的问题。对于此类行为，《中国共产党纪律处分条例》第一百二十五条第二项有明确规定："在上级检查、视察工作或者向上级汇报、报告工作时纵容、唆使、暗示、强迫下级说假话、报假情的，从重或者加重处分。"《行政机关公务员处分条例》第二十二条也规定："弄虚作假，误导、欺骗领导和公众，造成不良后果的，给予警告、记过或者记大过处分；情节较重的，给予降级或者撤职处分；情节严重的，给予开除处分。"

政治生活中之所以产生弄虚作假的行为，一个内在逻辑就是"上有所好，下必甚焉"。假话往往就是这样被惯出来、纵容出来甚至教出来、压出来的。在上级面前，能不能讲实情，会不会说真话，有没有原则性，绝不只是涉及个人私德的小事情、小问题，而是严肃的政治品质问题和根本的原则问题。民情民意是中央决策的基本依据，倘若领导机关和领导干部唆使下级曲意逢迎、弄虚作假、虚报浮夸，党内假话成风，结果必然误导中央对形势的判断，给党和国家事业发展带来挫折和损失。

弄虚作假、欺上瞒下的风气屡禁不止，从一定程度上反映出少数公职人员包括某些领导干部头脑中的“官本位”思想比较严重，是政绩观、价值观、权力观扭曲的结果。解决这类问题，要求我们必须转变思想、更新观念，大力发扬求真务实、为民担当的精神，切实做到讲真话、出实招、办实事。

72. 泄露国家秘密、工作秘密，如何给予政务处分？

国家秘密是关系国家的安全和利益，依照法定程序确定，在一定时间内只限一定范围的人员知悉的事项。工作秘密是在国家公务活动中产生的，不属于国家秘密而又不宜于对外公开的秘密事项。公职人员必须严格保守国家秘密和工作秘密，严禁泄露。

根据《中华人民共和国保守国家秘密法》（简称《保密法》）规定，下列涉及国家安全和利益的事项，泄露后可能损害国家在政治、经济、国防、外交等领域的安全和利益的，应当确定为国家秘密的基本范围：国家事务重大决策中的秘密事项；国防建设和武装力量活动中的秘密事项；外交和外事活动中的秘密事项以及对外承担保密义务的秘密事项；国民经济和社会发展中的秘密事项；科学技术中的秘密事项；维护国家安全活动和追查刑事犯罪中的秘密事项；经国家保密行政管理部门确定的其他秘密事项。《保密法》在规定上述范围的同时，又进一步规定：“政党的秘密事项中符合前款规定的，属于国家秘密。”这一规定表明，在国家秘密范围中还包括执政党和各民主党派活动中与国家安全和利益相关的秘密事项，政党的秘密事项中符合国家秘密的条件的，属于国家秘密，受国家法律的保护。至于国家秘密的具体范围，《保密法》第十一条规定：“国家秘密及其密级的具体范围，由国家保密行政管理部门分别会同外交、公安、国家安全和其他中央有关机关规定。”“军事方面的国家秘密及其密级的具体范围，由中央军事委员会规定。”这一规定表明，《保密法》虽未对国家秘密具体范围作出划分，但是已经以法律的方式授权国家保密行政管理部门会同中央机关，在各自主管的业务范围内划分国家秘密的具体范围。

泄露国家秘密是指违反保密法律法规和规章，使国家秘密被不应知悉者知悉的；使国家秘密超出了限定的接触范围，而不能证明未被不应知悉者知悉的。公职人员泄露国家秘密，造成不良后果或者影响的，根据《政务处分法》规定，要予以警告、记过或者记大过；情节较重的，予以降级或者撤职；情节严重的，予以开除。公职人员违反《保密法》规定泄露国家秘密，构成犯罪的，依法追究刑事责任。

公职人员不仅要保守国家秘密，也要保守工作秘密。根据起草《国家公务员暂行条例》的部门解释，工作秘密的含义是，除国家秘密以外的，在公务活动中不得公开扩散的事项；一旦泄露会给本机关、单位的工作带来被动和损害。为了便于把握和梳理，可以把工作秘密分为五大类：一是文件类，包括不宜公开的通知、决定、纪要、请示、报告、函件等；二是信息类，包括不宜公开的领导讲话、调研报告、工作研究、工作参考、内部信息等；三是政务类，包括工作预案、领导政务活动方案、公务接待方案等；四是专项业务类，包括尚在酝酿中的人事调整方案、案件调查资料、专项行动方案等；五是内部管理类，包括特殊岗位职责、纪律、奖惩等规定。从上述工作秘密分类，就其内容来看，大多属于党政机关的内部管理事项，虽然不属于国家秘密事项，但又不宜任意公开。任意公开造成的影响和危害是难以弥补的。由此可见，加强党政机关工作秘密的保护是非常必要的。《政务处分法》规定，泄露工作秘密，造成不良后果或者影响的，视情节轻重予以警告直至开除。

“几事不密则害成。”能否保守秘密不仅是品德问题、纪法问题，也是关系事业成败的重要因素。一言以蔽之，保密工作无小事。党员干部和公职人员必须牢记“小心驶得万年船”的道理，切莫吊儿郎当、马虎大意，更不能以权谋私、拿党和国家的秘密去做利益交换。否则，到了纸包不住火的那一天，可就追悔莫及了。

73. 违背社会公序良俗，在公共场所行为不当，如何给予政务处分？

“公序良俗”，概而言之，就是公共秩序与良好风俗的简称，是指国家社会存在及发展所必需的秩序和道德。遵守社会公序良俗，不仅有助于营造和维护良好的公共秩序，还有助于提升全体公民的道德水平。每一位党员干部和公职人员都应该自觉遵守社会公序良俗，将其作为做人做事必须坚守的底线之一。

根据党章规定，党员有义务发扬社会主义新风尚，带头践行社会主义核心价值观和社会主义荣辱观，提倡共产主义道德，必须时刻自警自省，决不能违背社会公序良俗、社会公德以及家庭美德。《中国共产党纪律处分条例》第一百三十七条规定：“违背社会公序良俗，在公共场所有不当行为，造成不良影响的，给予警告或者严重警告处分；情节较重的，给予撤销党内职务或者留党察看处分；情节严重的，给予开除党籍处分。”根据该规定，违背社会公序良俗的行为方式必须具备两个条件：一是违背社会公序良俗，在公共场所有不当的行为。二是违背社会公序良俗造成了不良影响。党员具备了其中任何一个即构成违背社会公序良俗行为，都要根据情节的轻重，追究其相应的违纪责任。因此，广大党员干部在生活中要注意自己的身份，谨言慎行。一段时间以来，一些党员干部不把生活纪律当回事。有的酒后打架滋事，有的沉迷于扑克、麻将等娱乐活动，还有的殴打妻儿父母……有些不当行为看起来似乎是小事、私事、家事，但实则影响了党的形象，败坏了党的风气，透支了党和政府的公信力。生活纪律同样是党的纪律。这种踩红线、破底线的行为，必然要受到查处。

日常生活和社会交往中的底线和红线，不仅是对党员干部的约束，也是对公职人员的约束。一些公职人员认为，违背社会公序良俗，只是单纯的道德问题，没有什么严重的惩戒后果。殊不知，公职人员的身份决定了公职人员必须以更高的标准要求自己，自觉接受公序良俗的约束，在公共场所注意自己的行为。《政务处分法》规定，违背社会公序良俗，在公共场所有不当行为，造成不良影响的，予以警告、记过或者记大过；情节较重的，予以降级或者撤职；情节严重的，予以开除。这一规定重在规范公职人员“八小时之外”的言行，旨在让公职人员既不能跑偏，更不能逾矩。

74. 参与或支持迷信活动，如何给予政务处分？

十八大以来查处的腐败案件中，涉案官员“求神拜佛”“结交大师”“痴迷风水”的情节并不鲜见，严重破坏了党和政府的形象。党员干部和公职人员本该用科学武装大脑，有的人却倒向封建迷信，一方面说明他们精神空虚、价值虚无，甚至出现了信仰危机；另一方面也反映出这些人更深层的利益诉求，他们相信迷信的根本原因是为贪腐壮胆，为升官找捷径。

一般来说，贪官大多受过高等教育，智商并不低，具有一定的科学知识，懂得常识与常理。但是由于他们过于看重并狂热追求个人利益，故而被利益牵着鼻子走，从而陷入利令智昏的泥潭，逐渐远离正确的世界观和价值观，甚至丧失理性的判断力与思考力。由于急功近利，急于求成，片面地理解“不怕做不到，只怕想不到”，“有条件要上，没有条件，创造条件也要上”，以至于把迷信活动视为助推升官发财的法宝，不惜为此耗费钱财与精力。

贪官固然利令智昏，有时也心知肚明：任何贪腐行为，都为党纪国法所不容许，一旦事情败露，必将受到惩处。为了规避风险，他们“求神拜佛”，向“大师”寻求庇护，寄希望于神灵保佑，使自己免遭纪法的制裁，进而平安无事地混下去，直至捞取更多的钱财。如若良知尚未完全泯灭，面对来路不正的钱财，总会让人心神不宁。所以，有些贪官会借助迷信活动布施少许钱财，试图以此所谓的“功德”，抚慰自己不安的心灵。当然，这只是掩耳盗铃，自欺欺人。

党员干部“搞迷信活动”，无疑严重违反了党的纪律。《关于新形势下党内政治生活的若干准则》规定，党员不准搞封建迷信，也不准信仰宗教。《中国共产党纪律处分条例》以纪律形式对党员干部组织、参与迷信活动作出明确的处罚规定。条例第六十三条规定，党员干部“搞封建迷信”分为组织迷信活动和参加迷信活动两种情形：第一类情形“组织迷信活动”的性质，显然严重得多，其处罚有两种：组织迷信活动的，给予撤销党内职务或者留党察看处分；情节严重的，给予开除党籍处分。第二类情形“参加迷信活动”，其处罚分为四种：一是造成不良影响的，给予警告或者严重警告处分；二是情节较重的，给予撤销党内职务或者留党察看处分；三是情节严重的，给予开除党籍处分；四是对不明真相的参加人员，经批评教育后确有悔改表现的，可以免予处分或者不予处分。《中国共产党纪律处分条例》的这条规定，划出了党员干部不可触碰的红线。

如果一名公职人员不具有党员身份，是否意味着其组织参与封建迷信活动行为就不受约束了呢？答案是否定的。党有党纪，国有国法。组织参与封建迷信活动也是一种违法行为。《刑法》《治安管理处罚法》等相关法律都对组织参与邪教、会道门活动等封建迷信、破坏国家法律和社会秩序等行为作出了明确的处罚规定。《治安管理处罚法》第二十七条规定，组织、教唆、胁迫、诱骗、煽动他人从事邪教、会道门活动或者利用邪教、会道门、迷信活动，扰乱社会秩序、损害他人身体健康的；冒用宗教、气功名义进行扰乱社会秩序、损害他人身体健康活动的，会受到拘留、罚款等处罚。刑法对组织、利用会道门、邪教组织、利用迷信破坏法律实施罪也作了相应的处罚。对于公职人员参与或者支持迷信活动，造成不良影响的，《政务处分法》规定，予以警告、记过或者记大过；情节较重的，予以降级或者撤职；情节严重的，予以开除。如果公职人员参与或支持迷信活动构成犯罪，则应依据《政务处分法》第十四条之规定予以开除。

一些党员干部和公职人员热衷于迷信，通常是出于不良动机，既是为了谋取更多私利，也是为了规避风险，求得安稳。腐败案例警示我们，党员干部和公职人员搞迷信活动不是孤立“症候”，更会引发腐败的“综合征”，必须采取釜底抽薪的策略加以治理。

75. 组织、参与赌博，如何给予政务处分?

赌博行为消磨人的意志，使人滋生贪欲，助长不劳而获的思想，贻误工作，容易形成好逸恶劳、投机侥幸、贪图钱财的习气。党员干部和公职人员手中的权力一旦与赌博交织在一起，很容易导致权力的腐败，最终祸及社会，带坏民风，影响和谐与发展。

以赌博之名行贿赂之实，是官赌中常见的现象。随着我国反腐力度加大，明目张胆的行贿风险太大，于是以赌博来行贿的方式应运而生，赌博往往成了下级向上级、“老板”向官员行贿的重要渠道，并成为某些官员拉帮结派的纽带，升迁晋级的捷径，行贿受贿的妙术。一些党员干部和公职人员之所以好赌，并非赌技过人，而是权力在起作用，用赌博营造起一条行贿受贿、非法敛财的暗道，往往赌博是假，敛财是真。一些企业老板为了得到某些官员的“关照”，摸清了这些官员的心理和爱好赌博的习性，通过赌博的方式与公职人员特别是领导干部拉关系，联络感情，利用领导的权力为其充当保护伞。采用赌博这条暗道变相送礼，不仅隐蔽，而且让党员干部和公职人员拿起钱来心安理得。赌博游戏在某些人的眼里，成了腐败最好的障眼法，牌桌之上，上级赢下级，干部赢老板，输者心甘情愿，赢者心安理得。有的官员工资输光了、高利贷欠下了，手就开始伸向公款，赌博也是官员贪污、挪用国有资产的主诱因之一。

我国诸多法律对于赌博都有明确的界定和量刑标准。关于赌博，《刑法》规定，将处三年以下有期徒刑、拘役或者管制，并处罚金。最高人民法院、最高人民检察院《关于办理赌博刑事案件具体应用法律若干问题的解释》第五条也明确规定，具有国家工作人员身份的实施赌博犯罪，依照刑法规定从重处罚。中纪委、中组部《关于严肃查处党员和干部参与赌博的通知》中也对党员和干部“参赌”的查处、追责等提出明确规定。《政务处分法》第四十条第一款第三项规定，公职人员参与赌博的，予以警告、记过或者记大过；情节较重的，予以降级或者撤职；情节严重的，予以开除。第二款规定，公职人员组织赌博，予以撤职或者开除。相比参与赌博，组织赌博的危害更大，处分也更严厉。

“天下之倾家者，莫速于博，天下之败德者，亦莫甚于博。”这里的“博”，指的就是赌博。“赌”字头上一把刀，被“杀”者不乏其人。现实社会中，有人因赌失去工作、丧失信心；也有人因赌倾家荡产、妻离子散；当然，也不乏因赌搭上性命、家毁人亡者。因此，珍爱生命，远离赌博，人人有责。作为党员干部和公职人员更应做出表率，自觉加强主观世界的改造，培养积极向上的精神情趣，形成健康文明的生活方式，自觉抵御金钱、物欲的诱惑，同赌博等歪风邪气作坚决斗争。

76. 拒不承担赡养、抚养、扶养义务，如何给予政务处分？

抚养未成年或不能独立生活的子女，赡养无劳动能力或生活困难的父母，是中华民族的传统美德，对于维系家庭的和睦与稳定至关重要。公职人员在社会生活中应该是道德楷模，决不允许逃避赡养、抚养、扶养义务。

宪法第四十九条规定："父母有抚养教育未成年子女的义务，成年子女有赡养扶助父母的义务。"《中华人民共和国老年人权益保障法》第十三条规定："老年人养老以居家为基础，家庭成员应当尊重、关心和照料老年人。"第十四条规定："赡养人应当履行对老年人经济上供养、生活上照料和精神上慰藉的义务，照顾老年人的特殊需要。"第二十四条规定："赡养人、扶养人不履行赡养、扶养义务的，基层群众性自治组织、老年人组织或者赡养人、扶养人所在单位应当督促其履行。"《中华人民共和国婚姻法》第二十一条规定："父母对子女有抚养教育的义务；子女对父母有赡养扶助的义务。父母不履行抚养义务时，未成年的或不能独立生活的子女，有要求父母付给抚养费的权利。子女不履行赡养义务时，无劳动能力的或生活困难的父母，有要求子女付给赡养费的权利。"对于我国公民来说，拒不承担赡养、抚养、扶养义务，需要承担相应的法律责任。如果是公职人员拒不承担赡养、抚养、扶养义务，根据《政务处分法》第四十条之规定，应予以警告、记过或者记大过；情节较重的，予以降级或者撤职；情节严重的，予以开除。

拒不承担赡养、抚养、扶养义务，构成遗弃罪的，应依法追究其刑事责任。《刑法》第二百六十一条规定："对于年老、年幼、患病或者其他没有独立生活能力的人，负有扶养义务而拒绝扶养，情节恶劣的，处五年以下有期徒刑、拘役或者管制。"

77. 实施家庭暴力，虐待、遗弃家庭成员，如何给予政务处分？

在现实生活中，想必家庭暴力大家都不陌生。长期以来，在男尊女卑、戾气爆发、清官难断家务事等社会不良现象的推动下，不仅仅是普通人，连一些党员干部和公职人员也参与到了家庭暴力之中，甚至还有人虐待、遗弃父母、长辈、子女。这种行为不仅损害了干部队伍的形象，也在社会上造成了严重不良影响，因此绝不容小觑。

作为党员干部和公职人员，要实践社会主义核心价值观和社会主义荣辱观，弘扬中华民族传统美德，模范遵守家庭美德，讲操守，重品行，严禁实施家庭暴力，虐待、遗弃家庭成员的行为，否则要受到党纪国法严肃处理。《中国共产党纪律处分条例》第一百三十八条规定："有其他严重违反社会公德、家庭美德行为的，应当视具体情节给予警告直至开除党籍处分。"《治安管理处罚法》第四十五条规定，有"虐待家庭成员，被虐待人要求处理""遗弃没有独立生活能力的被扶养人"这两种行为之一的，处五日以下拘留或者警告。《政务处分法》第四十条规定，实施家庭暴力，虐待、遗弃家庭成员的，予以警告、记过或者记大过；情节较重的，予以降级或者撤职；情节严重的，予以开除。《行政机关公务员处分条例》也有相关的规定，如果行政机关公务员不尽孝道，拒不承担赡养等义务，或虐待、遗弃家庭成员，将受到警告、记过、记大过、降级、撤职等处分，情节严重的将被开除。

实施家庭暴力，虐待、遗弃家庭成员，构成犯罪的，要依法追究刑事责任。《刑法》第二百三十四条第一款规定："故意伤害他人身体的，处三年以下有期徒刑、拘役或者管制。"第二款规定："犯前款罪，致人重伤的，处三年以上十年以下有期徒刑；致人死亡或者以特别残忍手段致人重伤造成严重残疾的，处十年以上有期徒刑、无期徒刑或者死刑。”第二百六十条第一款规定：“虐待家庭成员，情节恶劣的，处二年以下有期徒刑、拘役或者管制。”第二款规定：“犯前款罪，致使被害人重伤、死亡的，处二年以上七年以下有期徒刑。”第二百六十一条规定了对遗弃罪的刑事处罚：“对于年老、年幼、患病或者其他没有独立生活能力的人，负有扶养义务而拒绝扶养，情节恶劣的，处五年以下有期徒刑、拘役或者管制。”

党员干部和公职人员都应该晓得身上责任重大，处处起到先锋模范作用，在平时的工作生活中以更高的道德标准要求自己。现实生活中，确有少数党员干部和公职人员虐待、遗弃家庭成员。这些人的行为与传统美德、党纪国法的要求背道而驰，情节恶劣的，还会触犯刑法，应依纪依法严肃处理。

78. 吸食、注射毒品，如何给予政务处分?

日趋严重的毒品问题已成为全球性灾难。吸毒不仅严重危害人的身心健康，也给吸毒者的家庭成员造成巨大精神摧残，导致倾家荡产、家破人亡。吸毒者在耗尽个人和家庭钱财后就会铤而走险，进行以贩养吸、诈骗、盗窃、抢劫、凶杀等犯罪活动。毒品的泛滥给经济发展和社会进步带来巨大威胁，还严重败坏社会风气，腐蚀人的灵魂，摧毁民族精神。

《治安管理处罚法》第七十二条规定，吸食、注射毒品的，处十日以上十五日以下拘留，可以并处二千元以下罚款；情节较轻的，处五日以下拘留或者五百元以下罚款。对于吸食毒品这类违法行为的党纪处理，2018 年修订的《中国共产党纪律处分条例》第二十八条规定："党组织在纪律审查中发现党员有刑法规定的行为，虽不构成犯罪但须追究党纪责任的，或者有其他违法行为，损害党、国家和人民利益的，应当视具体情节给予警告直至开除党籍处分。"关于吸食毒品的政务处分，《政务处分法》第四十条第二款规定，吸食、注射毒品的，予以撤职或者开除。

单纯吸食、注射毒品不涉嫌犯罪，面临的是治安处罚，贩毒的话，则触犯刑律，构成犯罪活动。《刑法》第三百四十七条规定："走私、贩卖、运输、制造毒品，无论数量多少，都应当追究刑事责任，予以刑事处罚。"如果党员贩卖毒品，根据《中国共产党纪律处分条例》第三十二条之规定，应当给予开除党籍处分。如果是行使公权力的公职人员贩卖毒品，根据《政务处分法》第十四条之规定，应予以开除。

毒品的危害众所周知，毋庸赘述。党员干部和公职人员应当是人民群众的标杆，在工作生活中起到模范带头作用。要用自己的一言一行、一举一动、一思一念带领形成良好的社会风尚。要模范遵守党纪国法，做好宣传禁毒的带头人，不能嘴上高喊"禁毒"，背地里却吸毒贩毒，搞阳奉阴违、知法犯法。

79. 组织、支持、参与卖淫、嫖娼、色情淫乱活动，如何给予政务处分？

卖淫嫖娼是指不特定的同性之间或者异性之间以金钱、财物为媒介发生性关系的行为。其中，卖淫是指为获取物质报酬（金钱、礼物等），以交换的方式有代价地或有接受代价之约地与不固定的对象发生的性行为。嫖娼是指以付出金钱、财物作为交换条件与卖淫者发生的不正当的性行为。卖淫、嫖娼在我国为法律所禁止，属于违法行为。

对于卖淫、嫖娼活动，《治安管理处罚法》第六十六条规定：“卖淫、嫖娼的，处十日以上十五日以下拘留，可以并处五千元以下罚款；情节较轻的，处五日以下拘留或者五百元以下罚款。在公共场所拉客招嫖的，处五日以下拘留或者五百元以下罚款。”第六十七条规定：“引诱、容留、介绍他人卖淫的，处十日以上十五日以下拘留，可以并处五千元以下罚款；情节较轻的，处五日以下拘留或者五百元以下罚款。”对于组织、支持、参与色情淫乱活动的，《治安管理处罚法》也作出了处罚规定。其中第六十八条规定：“制作、运输、复制、出售、出租淫秽的书刊、图片、影片、音像制品等淫秽物品或者利用计算机信息网络、电话以及其他通讯工具传播淫秽信息的，处十日以上十五日以下拘留，可以并处三千元以下罚款；情节较轻的，处五日以下拘留或者五百元以下罚款。”第六十九条第一款规定，有组织播放淫秽音像、组织或者进行淫秽表演、参与聚众淫乱活动这三种行为中的任何一种的，处十日以上十五日以下拘留，并处五百元以上一千元以下罚款。第二款规定，明知他人从事前款活动，为其提供条件的，依照前款的规定处罚。

公职人员组织、支持、参与卖淫、嫖娼、色情淫乱活动的，根据《政务处分法》第四十条第二款之规定，予以撤职或者开除。《行政机关公务员处分条例》第三十一条规定，吸食、注射毒品或者组织、支持、参与卖淫、嫖娼、色情淫乱活动的，给予撤职或者开除处分。《事业单位工作人员处分暂行规定》第二十一条也规定，组织、参与卖淫、嫖娼等色情活动的，给予警告或者记过处分；情节较重的，给予降低岗位等级或者撤职处分；情节严重的，给予开除处分。

组织、支持、参与卖淫、嫖娼、色情淫乱活动，构成犯罪的，应依据刑法追究其刑事责任。《刑法》第三百五十八条第一款规定：“组织、强迫他人卖淫的，处五年以上十年以下有期徒刑，并处罚金；情节严重的，处十年以上有期徒刑或者无期徒刑，并处罚金或者没收财产。”第二款规定：“组织、强迫未成年人卖淫的，依照前款的规定从重处罚。”第四款规定：“为组织卖淫的人招募、运送人员或者有其他协助组织他人卖淫行为的，处五年以下有期徒刑，并处罚金；情节严重的，处五年以上十年以下有期徒刑，并处罚金。”第三百五十九条第一款规定：“引诱、容留、介绍他人卖淫的，处五年以下有期徒刑、拘役或者管制，并处罚金；情节严重的，处五年以上有期徒刑，并处罚金。”第二款规定：“引诱不满十四周岁的幼女卖淫的，处五年以上有期徒刑，并处罚金。”《刑法》第三百六十一条还作出了特定单位的人员组织、强迫、引诱、容留、介绍卖淫的处理规定：“旅馆业、饮食服务业、文化娱乐业、出租汽车业等单位的人员，利用本单位的条件，组织、强迫、引诱、容留、介绍他人卖淫的，依照本法第三百五十八条、第三百五十九条的规定定罪处罚。”

卖淫、嫖娼完全背离社会主义道德风尚，是我国法律、法规严格禁止的行为。行使公权力的公职人员一定要遵纪守法，严禁组织、支持、参与卖淫、嫖娼、色情淫乱活动。

第四章　政务处分的程序

80. 监察机关调查涉嫌违法的公职人员应遵循哪些要求？

有关监察机关的调查权限，《监察法》第十八条规定："监察机关行使监督、调查职权，有权依法向有关单位和个人了解情况，收集、调取证据。有关单位和个人应当如实提供。"《政务处分法》第四十二条规定："监察机关对涉嫌违法的公职人员进行调查，应当由二名以上工作人员进行。监察机关进行调查时，有权依法向有关单位和个人了解情况，收集、调取证据。有关单位和个人应当如实提供情况。"

《监察法》此项规定明确了监察机关的监督、调查职权以及有关单位和个人有如实提供证据的义务。《政务处分法》对涉嫌违法的公职人员的调查作出进一步的规定。监察机关依法向有关单位和个人了解情况，收集、调取证据，是查明事实、惩治腐败、保障被调查人合法权益的需要。这里的"证据"，是指以法律规定形式表现出来的，能够证明监察机关所调查事项的真实情况的一切事实。证据的种类包括物证、书证、证人证言、被调查人供述和辩解、鉴定意见、勘验检查笔录、视听资料、电子数据等。"如实提供"，是指有关单位和个人提供的材料应当真实反映与监察事项相关的内容、情节、线索等，不得伪造、更改、虚构。

监察机关在行使监督、调查职权过程中，应当注意方式方法，充分运用法治思维和法治方式开展工作，不得以非法方式收集证据。《政务处分法》第四十二条第二款规定：“严禁以威胁、引诱、欺骗及其他非法方式收集证据。以非法方式收集的证据不得作为给予政务处分的依据。”

以非法的方法收集证据，主要是指以刑讯逼供，或者以威胁、引诱、欺骗等非法方法来获取证据。以刑讯逼供、威胁、引诱、欺骗等方式取得的证据，是当事人在迫于压力或被欺骗情况下提供的，虚假的可能性非常大，不能凭此就作为案件处置的根据，否则极易造成错案。

81. 被调查人如何进行陈述和申辩?

被调查人针对案件事实作出陈述和申辩，是被调查人的权利。《政务处分法》第四十三条规定：“作出政务处分决定前，监察机关应当将调查认定的违法事实及拟给予政务处分的依据告知被调查人，听取被调查人的陈述和申辩，并对其陈述的事实、理由和证据进行核实，记录在案。被调查人提出的事实、理由和证据成立的，应予采纳。不得因被调查人的申辩而加重政务处分。”

充分听取被调查人的陈述和申辩，正确认定违法事实和性质，弄清案件发生的主客观原因，准确界定被调查人的责任，对避免冤假错案、提高办案质量均具有重要意义。监察机关在对被调查人作出政务处分决定前，应当会见被调查人，全面听取被调查人对案件事实、证据、依据的申辩意见。若被调查人对调查认定的违法事实持有异议，监察机关应当就其提出的异议部分进行核实。经核实，监察机关认为异议不成立的，则释明不成立的理由，对异议成立的，如果存在事实不清、证据不足的，则应重新调查，若证据不充分的，则应补充证据。

需要指出的是，听取被调查人的陈述和申辩前，监察人员应当全面审阅案卷材料，熟悉案情及证据情况，尤其对谈话对象的简历、家庭情况、工作表现、性格等案外情况要给予高度关注，而且要掌握与案件有关的法律政策和专业知识。这些准备工作一定要提前做好，这样才能针对被调查人的心理状态和案件整体情况做好应对预案和相关准备。

82. 调查终结后案件如何处理？

关于调查终结后案件的处理，《政务处分法》第四十四条规定，调查终结后，监察机关应当根据下列不同情况，分别作出处理：确有应受政务处分的违法行为的，根据情节轻重，按照政务处分决定权限，履行规定的审批手续后，作出政务处分决定；违法事实不能成立的，撤销案件；符合免予、不予政务处分条件的，作出免予、不予政务处分决定；被调查人涉嫌其他违法或者犯罪行为的，依法移送主管机关处理。

在这里需要指出的是，监察机关调查部门经立案调查，认为被调查人的行为构成违法，符合免予、不予政务处分条件的，依照《监察法》第三十六条第一款和《监察机关监督执法工作规定》第五十条等规定，应当移送本机关案件审理部门审理，案件审理部门审核提出意见并报请本机关主要负责人审批后，依法作出免予或者不予政务处分决定书。

83. 政务处分决定如何执行？

政务处分决定应当得到切实执行。“盖天下之事，不难于立法，而难于法之必行。”《政务处分法》规定了一系列保障政务处分决定实施的制度。

《政务处分法》第四十五条规定："决定给予政务处分的，应当制作政务处分决定书。"政务处分决定书是监察机关作出政务处分决定的载体形式。在形式上，政务处分决定书应当以监察机关名义作出，加盖作出决定的监察机关的印章。在内容上，政务处分决定书应当载明下列事项：(1) 被处分人的姓名、工作单位和职务；(2) 违法事实和证据；(3) 政务处分的种类和依据；(4) 不服政务处分决定，申请复审、复核的途径和期限；(5) 作出政务处分决定的机关名称和日期。

政务处分决定书制作完成后，应当由监察机关向被处分人送达。《政务处分法》第四十六条第一款规定："政务处分决定书应当及时送达被处分人和被处分人所在机关、单位，并在一定范围内宣布。"在此环节中，相对人由被调查人的身份转为被处分人。在送达实施主体上，应当由监察人员进行送达。在送达方式上，在无特殊情况下，一般应当直接送达。在送达地点上，由监察机关安排监察人员到被处分人所在单位送达给其本人。在送达对象上，应分别向被处分人及其所在单位送达。被处分人在领收处分决定文书时，应当签署送达回证，并附卷存档。基于政务处分将对被处分人产生实际影响，不宜委托被处分人所在单位送达。被处分人签收处分决定后，该处分决定即对其产生约束力。

政务处分决定还应当在一定范围内宣布。通常情况下，这种宣布范围应限定在被处分人所在单位的管辖区域内，在宣布方式上，通常在本区域纪委监委网站公布，或通过手机报、时事新闻的方式推送。宣布程序的目的在于对被处分人进行公开性的申饬，增强处分的实效性，并起到对其他公职人员的警示教育目的。另外，《政务处分法》第四十六条第二款规定："作出政务处分决定后，监察机关应当根据被处分人的具体身份书面告知相关的机关、单位。"

在《政务处分法》施行过程中，各级监察机关要增强政治意识和法治意识，加强对政务处分决定执行情况的监督检查，对拒不执行政务处分决定等行为依法给予处理，防止“打白条”，使法律要求真正落地生根，确保政务处分取得实实在在的效果。

84. 制作政务处分决定书应注意哪些问题？

《政务处分法》第四十五条第二款对政务处分决定书应当载明的事项作出明确规定。实践中，制作政务处分决定书需要注意以下几个方面的问题。

一是如何表述关于“违法事实和证据”的内容。撰写这部分内容时，可对照《政务处分法》第三章关于违法行为的排列次序，分别写明具体违法事实的时间、地点，实施行为的经过、手段、目的、动机、危害后果和被调查人案发后的表现及认错态度等内容，特别要将属于违法行为构成要件或者与定性、处置有关的事实要素作为重点。在撰写“证据”这部分内容时，通常在全部违法事实之后概括指明主要证据的名称、种类。

二是如何表述关于“政务处分的种类和依据”的内容。撰写这部分内容时，若是被处分人有两个以上违法行为，且应当给予撤职以下多个相同政务处分，应当依照《政务处分法》第十五条规定确定政务处分期，并在政务处分决定书中写明。撰写政务处分“依据”这部分内容时，如被处分人的全部或者部分违法行为发生在2020年7月1日之前，且依照《政务处分法》第六十七条关于“从旧兼从轻”的规定适用当时规定或者《政务处分法》相应规定的，应当同时引述《政务处分法》第六十七条的规定。

三是如何表述关于“不服政务处分决定，申请复审、复核的途径和期限”的内容。撰写这部分内容时，可表述为“如不服本处分决定，可自收到本处分决定之日起一个月内向本委申请复审；对复审决定仍不服的，可自收到复审决定之日起一个月内向×××（上一级监察机关）申请复核”。

85. 违法案件调查、处理的回避程序是怎样的?

《政务处分法》第四十七条规定，参与公职人员违法案件调查、处理的人员有下列情形之一的，应当自行回避，被调查人、检举人及其他有关人员也有权要求其回避：是被调查人或者检举人的近亲属的；担任过本案的证人的；本人或者其近亲属与调查的案件有利害关系的；可能影响案件公正调查、处理的其他情形。第四十八条规定，监察机关负责人的回避，由上级监察机关决定；其他参与违法案件调查、处理人员的回避，由监察机关负责人决定。监察机关或者上级监察机关发现参与违法案件调查、处理人员有应当回避情形的，可以直接决定该人员回避。根据上述规定，回避程序具体包括自行回避和申请回避。

关于自行回避的主体，主要包括参与公职人员违法案件调查、处理的人员。自行回避应当由本人提出，并说明理由，且提出时间应限定在得知自己符合回避的事由时。监察人员自行回避的，应向其所在部门负责人申请；部门负责人自行回避，应向分管该部门的领导申请；分管领导自行回避，应向监察机关负责人申请。监察机关负责人自行回避的，基于上级监察机关对下级监察机关的领导体制，其应向上级监察机关提出申请。

申请回避的主体是被调查人、检举人及其他有关人员。这里有关人员应当包括被调查人的近亲属、与违法案件相关的受害人及得知应当回避的监察人员之外的其他本机关的监察人员。在程序设计上，一是公开回避信息，告知参与案件办理的监察人员的基本情况及当事人有请求回避的权利；二是对申请回避的理由及证据和证明标准问题，应以举证责任倒置、证明标准降低等多种途径来缓解申请人收集证据的难度；三是一旦申请人提出回避申请，即应当予以审查并作出是否回避的决定，对不同意回避的，监察机关应当说明理由；四是回避申请应向参与案件办理的监察人员提出，在形式上既可口头提出并记录在卷，也可书面提出。

86. 公职人员依法受到刑事责任追究及行政处罚，如何给予政务处分？

对于公职人员依法受到刑事责任追究及行政处罚，如何给予政务处分的问题，《政务处分法》第四十九条第一款规定，公职人员依法受到刑事责任追究的，监察机关应当根据司法机关的生效判决、裁定、决定及其认定的事实和情节，依照本法规定给予政务处分。第二款规定，公职人员依法受到行政处罚，应当给予政务处分的，监察机关可以根据行政处罚决定认定的事实和情节，经立案调查核实后，依照本法给予政务处分。第三款规定，监察机关根据本条第一款、第二款的规定作出政务处分后，司法机关、行政机关依法改变原生效判决、裁定、决定等，对原政务处分决定产生影响的，监察机关应当根据改变后的判决、裁定、决定等重新作出相应处理。

在这里要说明的是，与公职人员依法受到刑事责任追究给予政务处分的程序相比，公职人员依法受到行政处罚，给予政务处分的程序增加了立案环节。立案的目的在于，监察机关要对监察对象受到行政处罚这一违法事实是否予以政务处分进行预判。即并非一切依法受到行政处罚的监察对象都需要给予政务处分。通过设置立案程序能将不需要给予政务处分的情形过滤出来，有效增强了监察监督的针对性和有效性，也减轻了监察机关的运作负荷。

87. 对各级人大（政协）或其常委会选举或任命的人员给予政务处分的程序是怎样的?

对各级人大（政协）或其常委会选举或任命的人员给予政务处分的程序，《政务处分法》第五十条第一款规定，监察机关对经各级人民代表大会、县级以上各级人民代表大会常务委员会选举或者决定任命的公职人员予以撤职、开除的，应当先依法罢免、撤销或者免去其职务，再依法作出政务处分决定。第二款规定，监察机关对经中国人民政治协商会议各级委员会全体会议或者其常务委员会选举或者决定任命的公职人员予以撤职、开除的，应当先依章程免去其职务，再依法作出政务处分决定。第三款规定，监察机关对各级人民代表大会代表、中国人民政治协商会议各级委员会委员给予政务处分的，应当向有关的人民代表大会常务委员会，乡、民族乡、镇的人民代表大会主席团或者中国人民政治协商会议委员会常务委员会通报。

根据上述规定，对此类公职人员予以撤职、开除的，须先履行罢免、撤销或者免去其职务这一“前置程序”。这种制度安排的缘由在于撤职和开除公职在事实上剥夺了被处分人基于代议制民主选举和任免的职务，若不设置前置程序的话，则将影响人大、政协机关的选举和任免权的完整性。在人大体制下，对涉及人大选举任命的公职人员作出撤职和开除的政务处分时，应秉承权力制约的协同性理念，与人大机关充分沟通协商，遵循先政治责任再法律责任，先人大机关处理再监察处理的原则。在程序设计上，监察机关应先将对选任公职人员调查认定的职务违法和职务犯罪事实简况、拟予以撤职和开除处分的意见形成书面材料向选任机关报告。再由选任机关依照法定程序予以撤销或罢免，然后函告监察机关，监察机关再依据政务处分的一般程序处理。

需要指出的是，对人大代表、政协委员的政务处分，无论轻重与否，均需要履行向其所在人大常委会或者政协常委会的通报手续。这要求监察机关对违法公职人员予以政务处分时，应当查明被处分人是否具有人大代表或政协委员身份。

88. 指定管辖案件的政务处分程序是怎样的?

《政务处分法》第五十一条规定："下级监察机关根据上级监察机关的指定管辖决定进行调查的案件，调查终结后，对不属于本监察机关管辖范围内的监察对象，应当交有管理权限的监察机关依法作出政务处分决定。"

监察指定管辖制度，即基于上级监察机关的指定而确定监察事项管辖机关的制度，是对监察管辖一般原则的补充，以便监察事项能够实事求是、高效便捷地办理。一方面，对于原本属于自己所管辖的监察事项，上级监察机关可以将其指定给所辖的下级监察机关管辖。规定指定管辖，体现了上级监察机关对下级监察机关的领导，同时也能够增强工作灵活性。另一方面，上级监察机关可以将下级监察机关有管辖权的监察事项指定给自己所辖的其他监察机关管辖。此类情况一般适用于地域管辖不明的监察事项，以及出于各种原因原来有管辖权的监察机关不适宜或者不能办理某监察事项。

由于下级监察机关是在上级监察机关指定管辖下才获得了临时性的调查管辖权，故下级监察机关在调查终结后，应报上级监察机关。对不属于本监察机关管辖范围内的监察对象，应当交有管理权限的监察机关依法作出政务处分决定。

89. 公职人员被立案调查期间如何管理？

立案是监察机关调查职务违法、职务犯罪的重要环节，必须严格依法进行。《监察法》第三十九条规定，经过初步核实，对监察对象涉嫌职务违法犯罪，需要追究法律责任的，监察机关应当按照规定的权限和程序办理立案手续。监察机关主要负责人依法批准立案后，应当主持召开专题会议，研究确定调查方案，决定需要采取的调查措施。立案调查决定应当向被调查人宣布，并通报相关组织。涉嫌严重职务违法或者职务犯罪的，应当通知被调查人家属，并向社会公开发布。

对于公职人员被立案调查期间的管理，《政务处分法》第五十二条第一款规定，公职人员涉嫌违法，已经被立案调查，不宜继续履行职责的，公职人员任免机关、单位可以决定暂停其履行职务。第二款规定，公职人员在被立案调查期间，未经监察机关同意，不得出境、辞去公职；被调查公职人员所在机关、单位及上级机关、单位不得对其交流、晋升、奖励、处分或者办理退休手续。

这里所谓的“暂停履行职务”，是指暂时停止涉嫌违法，已经被立案调查，不宜继续履行职责的公职人员从事公务活动或者执行与其所担任的职务有关的公务活动的权力。暂停履行职务仅限于在公职人员涉嫌违法，已经被立案调查，不宜继续履行职责的情况下使用。暂停履行职务是一种临时性、预防性的措施，而不是处分，可以在案件立案调查之后直至案件调查结束之间的整个期间采取，也可以在这一期间的某一阶段采取。对经调查核实不存在违法事实或者不需要给予撤职以上处分的人员，应当在撤销案件或者作出处分决定后，及时解除暂停履行职务的措施。暂停履行职务的权力由任免机关、单位行使，具体来说，就是根据人事管理权限，由具有任免权的机关、单位行使。监察机关调查处理公职人员涉嫌违法案件，除本机关任命的被调查人员外，需要暂停被调查人员停履行职务的，应当按照人事管理权限向有任免权的机关、单位提出对被调查人员暂停执行职务的建议。

公职人员被立案调查期间，未经同意不得出境、辞去公职，不得对其交流、晋升、奖励、处分或者办理退休手续。这项规定目的是为了保证案件调查处理工作的顺利进行。如果被调查人员在立案调查期间出境，会直接影响到调查取证，甚至可能会出现被调查人员逃匿的情况，这都会妨碍案件调查处理工作的顺利进行；同时，由于对违法公职人员的政务处分是一种同其身份相关的制裁，如果在立案调查期间，被调查人员辞去公职，其身份发生改变，不属于公职人员后，监察机关的调查工作就无法进行；如果被调查人员交流工作，可能涉及对其管辖权限的改变等问题，也同样会妨碍案件调查处理工作的顺利进行；如果被调查人员办理了退休手续，不仅会使案件的调查工作受到影响，而且会因为身份的变化而使政务处分决定无法作出或者无法执行。

90. 公职人员受到不实检举、控告或诬告陷害如何处理？

近年来，各界群众依法开展监督，积极提供党员干部和国家公职人员违纪违法问题线索，为反腐败斗争取得压倒性胜利发挥了重要作用。但不可忽视的是，也有一些别有用心者故意捏造“问题线索”，借信访举报打击报复、诬告陷害敢于担当、勇于负责、善于作为的干事创业者。

捕风捉影的不实检举、控告和指鹿为马的诬告陷害令好干部蒙受不白之冤，挫伤了他们干事创业的积极性、主动性、创造性，破坏了一个地区、行业、领域的政治生态。长此以往，容易造成“劣币驱逐良币”的现象，让勇于干事创业的干部“寒了心”“泄了劲”。祛邪必须扶正，激浊方能扬清。只有让诬告者受到严惩，体会到代价之重，才能刹住歪风邪气。

纪检监察机关不仅要依规依纪依法严肃查处诬告陷害行为，还应及时向社会澄清事实、为受到诬告者“洗清冤屈”，帮助敢担当、敢负责的干部卸下思想包袱、消除顾虑。《政务处分法》第五十三条规定：“监察机关在调查中发现公职人员受到不实检举、控告或者诬告陷害，造成不良影响的，应当按照规定及时澄清事实，恢复名誉，消除不良影响。”

91. 公职人员受到政务处分后待遇如何变更？

有关公职人员受到政务处分后待遇变更的问题，《政务处分法》第五十四条规定：“公职人员受到政务处分的，应当将政务处分决定书存入其本人档案。对于受到降级以上政务处分的，应当由人事部门按照管理权限在作出政务处分决定后一个月内办理职务、工资及其他有关待遇等的变更手续；特殊情况下，经批准可以适当延长办理期限，但是最长不得超过六个月。”

第五章　复审、复核

92. 政务处分决定的复审、复核应注意哪些问题?

《政务处分法》第五十五条规定:“公职人员对监察机关作出的涉及本人的政务处分决定不服的,可以依法向作出决定的监察机关申请复审;公职人员对复审决定仍不服的,可以向上一级监察机关申请复核。”

根据《监察法》第四十九条的规定,“复审”,是指监察对象对监察机关作出的涉及本人的处理决定不服,自收到处理决定之日起一个月内,可以向作出决定的监察机关申请复审,作出决定的监察机关依法受理后,应当对原处理决定进行审查核实并作出复审决定。“复核”,是指监察对象对复审决定不服,自收到复审决定之日起一个月内,可以向作出复审决定的监察机关的上一级监察机关申请复核,上一级监察机关依法受理后,对原复审决定进行审查核实并作出复核决定。

对监察机关进行复审、复核的时限,《监察法》作了明确的规定,即“复审机关应当在一个月内作出复审决定”,“复核机关应当在二个月内作出复核决定”。“一个月”应当自复审机关收到复审申请之日起计算,这是作出原处理决定的监察机关进行复审活动的期限,“二个月”应当自复核机关收到复核申请之日起计算,这是上一级监察机关进行复核活动的期限。

规定复审、复核程序的目的在于保证监察机关正确、及时处理复审、复核案件，维护复审、复核申请人的合法权益，监督监察机关依法办事。《政务处分法》第五十五条第二款规定："监察机关发现本机关或者下级监察机关作出的政务处分决定确有错误的，应当及时予以纠正或者责令下级监察机关及时予以纠正。"

《政务处分法》第五十六条规定："复审、复核期间，不停止原政务处分决定的执行。公职人员不因提出复审、复核而被加重政务处分。"规定复审、复核期间不停止原政务处分决定的执行，是因为监察机关处理决定和复审决定，是一级国家机关依法作出的，对监察对象和监察机关均有约束力，双方都必须严格执行，非依法定程序不得随意变更和撤销。另外，本条规定对公职人员的政务处分，不因提出复审、复核而被加重，体现了对被处分人员合法权利的充分保障。

93. 原政务处分决定应撤销及变更的情形包括哪些？

所有违法行为都应当依法受到处理，违法人员应当为自己的错误付出代价，这是毋庸置疑的。但如果监察机关在事实认定、法律适用上出现偏差，就是对被处理人员极大的不公正，给其工作、生活造成严重影响，甚至是无可挽回的损失。因此，给予公职人员政务处分，监察程序必须有相应的防错纠错程序。

《政务处分法》明确了原政务处分决定应当撤销或者变更的情形。其中第五十七条规定，有下列情形之一的，复审、复核机关应当撤销原政务处分决定，重新作出决定或者责令原作出决定的监察机关重新作出决定：政务处分所依据的违法事实不清或者证据不足的；违反法定程序，影响案件公正处理的；超越职权或者滥用职权作出政务处分决定的。第五十八条规定，有下列情形之一的，复审、复核机关应当变更原政务处分决定，或者责令原作出决定的监察机关予以变更：适用法律、法规确有错误的；对违法行为的情节认定确有错误的；政务处分不当的。

需要指出的是，复审、复核机关认为政务处分决定认定事实清楚，适用法律正确的，应当予以维持。这也是《政务处分法》第五十九条的明确规定。

94. 政务处分决定撤销或变更，职务、职级、薪酬待遇等如何调整？

对于政务处分决定撤销或变更，职务、职级、薪酬待遇等方面的调整，《政务处分法》第六十条第一款规定："公职人员的政务处分决定被变更，需要调整该公职人员的职务、职级、衔级、级别、岗位和职员等级或者薪酬待遇等的，应当按照规定予以调整。政务处分决定被撤销的，应当恢复该公职人员的级别、薪酬待遇，按照原职务、职级、衔级、岗位和职员等级安排相应的职务、职级、衔级、岗位和职员等级，并在原政务处分决定公布范围内为其恢复名誉。没收、追缴财物错误的，应当依法予以返还、赔偿。"第二款规定："公职人员因有本法第五十七条、第五十八条规定的情形被撤销政务处分或者减轻政务处分的，应当对其薪酬待遇受到的损失予以补偿。"

第六章　法律责任

95. 拒不采纳监察建议，如何处理？

《政务处分法》第三条规定："监察机关发现公职人员任免机关、单位应当给予处分而未给予，或者给予的处分违法、不当的，应当及时提出监察建议。"第六十一条规定："有关机关、单位无正当理由拒不采纳监察建议的，由其上级机关、主管部门责令改正，对该机关、单位给予通报批评，对负有责任的领导人员和直接责任人员依法给予处理。"

监察建议是监察机关按照法律规定，在履行监督职责过程中，根据检查、调查的结果，针对监察对象存在的问题，向监察对象提出相应的改正措施、处理意见等建议。监察建议不同于一般的工作建议，它是具有法律效力的，相对人无正当理由必须履行监察建议要求其履行的义务，否则，就要承担相应的法律责任。《监察法》第六十二条也对此作出了明确规定：有关单位无正当理由拒不采纳监察建议的，由其主管部门、上级机关责令改正，对单位给予通报批评；对负有责任的领导人员和直接责任人员依法给予处理。

监察机关提出监察建议的目的是做好监督、调查的"后一半"工作，强化对公权力运行的监督制约。如果公职人员任免机关、单位应当给予处分而未给予，或者给予的处分违法、不当，监察机关应当及时提出监察建议。相关机关、单位接到监察建议后，应当“亡羊补牢”，深刻总结经验教训，积极完善制度、强化监管、堵塞漏洞。如果无正当理由拒不采纳监察建议，负有责任的领导人员和直接责任人员要承担相应的法律责任。

96. 哪些违反《政务处分法》规定的情形应依法处理？

《政务处分法》第六十二条规定，有关机关、单位、组织或者人员有下列情形之一的，由其上级机关，主管部门，任免机关、单位或者监察机关责令改正，依法给予处理。

一是拒不执行政务处分决定的。监察机关根据监督、调查结果，向职务违法的公职人员作出警告、记过、记大过、降级、撤职、开除等政务处分决定。监察机关的政务处分决定一经作出，即产生法律效力，具有强制性，有关机关、单位、组织或人员必须执行。对监察机关作出的政务处分决定有异议的，应当依照法定程序提出。拒不执行政务处分决定的，应当依法承担相应的法律责任。

二是拒不配合或者阻碍调查的。监察机关依法向有关单位和个人了解情况，收集、调取证据，是查明事实、惩治腐败、保障被调查人合法权益的需要。有关单位和个人应当如实提供财物、文件、电子信息以及其他有关的材料，应当真实反映与监察事项相关的内容、情节、线索等，不得伪造、更改、虚构；对于搜查、留置等调查措施实施，也不得拒绝、阻碍。拒不配合或者阻碍调查的，要责令改正，依法给予处理。

三是对检举人、证人或者调查人员进行打击报复的。当前，一些地方和部门确实存在这样一些干部，谁要敢于揭发他们的不法行为，谁要敢批评他们的不正之风，谁要不按照他们的旨意办事，就要遭受打击报复。有的当面假惺惺地做出礼贤下士、虚心听取意见的姿态，但如果真有人提批评意见了，就会秋后算账，背后找出各种理由给提批评意见的人“穿小鞋”。有的甚至以暴力、威胁或者非法限制人身自由等方法侵犯检举人、调查人员的人身安全。对检举人、证人或者调查人员进行打击报复的，应责令改正，依法严肃处理。

四是诬告陷害公职人员的。诬告陷害通常是指举报人出于打击报复、栽赃嫁祸、猜疑嫉妒的动机，刻意捏造事实或伪造材料，意图使他人受到不良政治影响、名誉损失或者责任追究。诬告陷害的行为人往往颠倒是非、恶意编排、捕风捉影，有的举报看似内容清晰、有理有据，但要么张冠李戴，要么无中生有；有的标题和表述“上纲上线”，但反映问题不实际不具体，可查性不强；有的虽然直接点明问题，但没有提供任何材料或说明，甚至主要是侮辱性表述，总而言之，就是举报内容缺乏事实基础。诬告陷害公职人员的，相关机关、部门要依法严肃处理。

《政务处分法》第六十二条第五项还规定了兜底条款，涵盖了有关机关、单位、组织或者人员其他违反本法规定的情形，上级机关，主管部门，任免机关、单位或者监察机关应责令改正，依法给予处理。

97. 监察机关及其工作人员违法行使职权的情形包括哪些？

监察机关是行使国家监察职能的专责机关，对所有行使公权力的公职人员进行监察，调查职务违法和职务犯罪，开展廉政建设和反腐败工作。监察机关及其工作人员在履行职责的过程中，要严格遵照宪法和法律开展工作。如果违法行使职权，要承担相应的法律责任。

《政务处分法》第六十三条规定，监察机关及其工作人员有下列情形之一的，对负有责任的领导人员和直接责任人员依法给予处理：违反规定处置问题线索的；窃取、泄露调查工作信息，或者泄露检举事项、检举受理情况以及检举人信息的；对被调查人或者涉案人员逼供、诱供，或者侮辱、打骂、虐待、体罚或者变相体罚的；收受被调查人或者涉案人员的财物以及其他利益的；违反规定处置涉案财物的；违反规定采取调查措施的；利用职权或者职务上的影响干预调查工作、以案谋私的；违反规定发生办案安全事故，或者发生安全事故后隐瞒不报、报告失实、处置不当的；违反回避等程序规定，造成不良影响的；不依法受理和处理公职人员复审、复核的；其他滥用职权、玩忽职守、徇私舞弊的行为。

另外要强调的是，违反《政务处分法》规定，构成犯罪的，要依法追究刑事责任。

第七章　附　则

98. 对特定公职人员处分事宜的授权是如何规定的?

《政务处分法》在附则中授权有关主管部门根据本法的原则和精神，结合实际对特定公职人员处分事宜作出具体规定。第六十五条规定，“国务院及其相关主管部门根据本法的原则和精神，结合事业单位、国有企业等的实际情况，对事业单位、国有企业等的违法的公职人员处分事宜作出具体规定”，第六十六条规定“中央军事委员会可以根据本法制定相关具体规定”，以适应不同领域处分工作的特点，做到了共性与特性兼顾。

99.《政务处分法》是否具有溯及力?

所谓法律的溯及力，即是法律溯及既往的效力。简言之，就是新的法律施行后，它生效前发生的事件和行为是否适用新法的问题。如果适用，就是具有溯及力；如果不适用就是不具有溯及力。如果具有溯及力，法律要明确规定适用原则。关于溯及力的原则一般是采用“从旧兼从轻”的原则。即新的法律施行以前的行为，该行为实施时的法律不认为是违法的，适用当时的法律；当时的法律认为是违法的，依照当时的法律给予处罚；但是若新的法律不认为是违法，或者处罚较轻的，则适用新法。

一般的法律没有溯及力，这种不溯及既往的原则已成为各国立法所共同遵循的通例。我国立法法也明确规定了我国的法律一般不具有溯及力。这次制定的《政务处分法》也遵照了这一原则，其中第六十七条明确规定："本法施行前，已结案的案件如果需要复审、复核，适用当时的规定。尚未结案的案件，如果行为发生时的规定不认为是违法的，适用当时的规定；如果行为发生时的规定认为是违法的，依照当时的规定处理，但是如果本法不认为是违法或者根据本法处理较轻的，适用本法。"

100.《政务处分法》何时开始施行？

法律的施行时间也就是法律的生效时间。正确地理解法律的生效时间，是运用法律不可缺少的条件。法律从何时开始生效，一般根据该项法律的性质和实际需要来决定。

法律的施行时间通常有三种情况。第一种是法律条文中明确规定，从其公布之日起生效施行。第二种是法律公布后，并不立即生效施行，经过一定时期后才开始施行，法律中明确规定生效施行的日期。第三种是法律公布后先予以试行或者暂行，而后由立法部门加以补充修改，再通过为正式法律，公布施行，在试行期间也具有约束力。需要说明的是，还有一种特殊的生效形式，即法律的施行时间以另一法律的施行为条件。这样的法律施行日期，在十一届三中全会以后，我国法制建设刚刚恢复时期多一些，到了 20 世纪 80 年代后期以及进入 90 年代以后，这样的情况就不多了。

我国的大多数法律多采取第二种方式，《政务处分法》也是如此。《政务处分法》由十三届全国人大常委会第十九次会议于 2020 年 6 月

20 日表决通过，自 2020 年 7 月 1 日起施行。

应当看到，目前有些人法律意识还比较淡薄，违法行为还屡有发生；还有一些人不懂得如何运用法律武器保护自己的合法权益。明确规定法律的施行时间，使人们在时间概念上有所遵循，这一点不论在理论上，还是在实践上都是有着重要意义的。

附　录

中华人民共和国监察法

（2018 年 3 月 20 日第十三届全国人民代表大会第一次会议通过）

第一章　总　则

第一条　为了深化国家监察体制改革，加强对所有行使公权力的公职人员的监督，实现国家监察全面覆盖，深入开展反腐败工作，推进国家治理体系和治理能力现代化，根据宪法，制定本法。

第二条　坚持中国共产党对国家监察工作的领导，以马克思列宁主义、毛泽东思想、邓小平理论、“三个代表”重要思想、科学发展观、习近平新时代中国特色社会主义思想为指导，构建集中统一、权威高效的中国特色国家监察体制。

第三条　各级监察委员会是行使国家监察职能的专责机关，依照本法对所有行使公权力的公职人员（以下称公职人员）进行监察，调查职务违法和职务犯罪，开展廉政建设和反腐败工作，维护宪法和法律的尊严。

第四条　监察委员会依照法律规定独立行使监察权，不受行政机关、社会团体和个人的干涉。

监察机关办理职务违法和职务犯罪案件，应当与审判机关、检察机关、执法部门互相配合，互相制约。

监察机关在工作中需要协助的，有关机关和单位应当根据监察机关的要求依法予以协助。

第五条　国家监察工作严格遵照宪法和法律，以事实为根据，以法律为准绳；在适用法律上一律平等，保障当事人的合法权益；权责对等，严格监督；惩戒与教育相结合，宽严相济。

第六条　国家监察工作坚持标本兼治、综合治理，强化监督问责，严厉惩治腐败；深化改革、健全法治，有效制约和监督权力；加强法治教育和道德教育，弘扬中华优秀传统文化，构建不敢腐、不能腐、不想腐的长效机制。

第二章　监察机关及其职责

第七条　中华人民共和国国家监察委员会是最高监察机关。

省、自治区、直辖市、自治州、县、自治县、市、市辖区设立监察委员会。

第八条　国家监察委员会由全国人民代表大会产生，负责全国监察工作。

国家监察委员会由主任、副主任若干人、委员若干人组成，主任由全国人民代表大会选举，副主任、委员由国家监察委员会主任提请全国人民代表大会常务委员会任免。

国家监察委员会主任每届任期同全国人民代表大会每届任期相同，连续任职不得超过两届。

国家监察委员会对全国人民代表大会及其常务委员会负责，并接受其监督。

第九条　地方各级监察委员会由本级人民代表大会产生，负责本行政区域内的监察工作。

地方各级监察委员会由主任、副主任若干人、委员若干人组成，主任由本级人民代表大会选举，副主任、委员由监察委员会主任提请本级人民代表大会常务委员会任免。

地方各级监察委员会主任每届任期同本级人民代表大会每届任

期相同。

地方各级监察委员会对本级人民代表大会及其常务委员会和上一级监察委员会负责，并接受其监督。

第十条 国家监察委员会领导地方各级监察委员会的工作，上级监察委员会领导下级监察委员会的工作。

第十一条 监察委员会依照本法和有关法律规定履行监督、调查、处置职责：

（一）对公职人员开展廉政教育，对其依法履职、秉公用权、廉洁从政从业以及道德操守情况进行监督检查；

（二）对涉嫌贪污贿赂、滥用职权、玩忽职守、权力寻租、利益输送、徇私舞弊以及浪费国家资财等职务违法和职务犯罪进行调查；

（三）对违法的公职人员依法作出政务处分决定；对履行职责不力、失职失责的领导人员进行问责；对涉嫌职务犯罪的，将调查结果移送人民检察院依法审查、提起公诉；向监察对象所在单位提出监察建议。

第十二条 各级监察委员会可以向本级中国共产党机关、国家机关、法律法规授权或者委托管理公共事务的组织和单位以及所管辖的行政区域、国有企业等派驻或者派出监察机构、监察专员。

监察机构、监察专员对派驻或者派出它的监察委员会负责。

第十三条 派驻或者派出的监察机构、监察专员根据授权，按照管理权限依法对公职人员进行监督，提出监察建议，依法对公职人员进行调查、处置。

第十四条 国家实行监察官制度，依法确定监察官的等级设置、任免、考评和晋升等制度。

第三章　监察范围和管辖

第十五条 监察机关对下列公职人员和有关人员进行监察：

（一）中国共产党机关、人民代表大会及其常务委员会机关、人民政府、监察委员会、人民法院、人民检察院、中国人民政治协商会议各级委员会机关、民主党派机关和工商业联合会机关的公务员，以及参照《中华人民共和国公务员法》管理的人员；

（二）法律、法规授权或者受国家机关依法委托管理公共事务的组织中从事公务的人员；

（三）国有企业管理人员；

（四）公办的教育、科研、文化、医疗卫生、体育等单位中从事管理的人员；

（五）基层群众性自治组织中从事管理的人员；

（六）其他依法履行公职的人员。

第十六条　各级监察机关按照管理权限管辖本辖区内本法第十五条规定的人员所涉监察事项。

上级监察机关可以办理下一级监察机关管辖范围内的监察事项，必要时也可以办理所辖各级监察机关管辖范围内的监察事项。

监察机关之间对监察事项的管辖有争议的，由其共同的上级监察机关确定。

第十七条　上级监察机关可以将其所管辖的监察事项指定下级监察机关管辖，也可以将下级监察机关有管辖权的监察事项指定给其他监察机关管辖。

监察机关认为所管辖的监察事项重大、复杂，需要由上级监察机关管辖的，可以报请上级监察机关管辖。

第四章　监察权限

第十八条　监察机关行使监督、调查职权，有权依法向有关单位和个人了解情况，收集、调取证据。有关单位和个人应当如实提供。

监察机关及其工作人员对监督、调查过程中知悉的国家秘密、商业秘密、个人隐私，应当保密。

任何单位和个人不得伪造、隐匿或者毁灭证据。

第十九条 对可能发生职务违法的监察对象，监察机关按照管理权限，可以直接或者委托有关机关、人员进行谈话或者要求说明情况。

第二十条 在调查过程中，对涉嫌职务违法的被调查人，监察机关可以要求其就涉嫌违法行为作出陈述，必要时向被调查人出具书面通知。

对涉嫌贪污贿赂、失职渎职等职务犯罪的被调查人，监察机关可以进行讯问，要求其如实供述涉嫌犯罪的情况。

第二十一条 在调查过程中，监察机关可以询问证人等人员。

第二十二条 被调查人涉嫌贪污贿赂、失职渎职等严重职务违法或者职务犯罪，监察机关已经掌握其部分违法犯罪事实及证据，仍有重要问题需要进一步调查，并有下列情形之一的，经监察机关依法审批，可以将其留置在特定场所：

（一）涉及案情重大、复杂的；

（二）可能逃跑、自杀的；

（三）可能串供或者伪造、隐匿、毁灭证据的；

（四）可能有其他妨碍调查行为的。

对涉嫌行贿犯罪或者共同职务犯罪的涉案人员，监察机关可以依照前款规定采取留置措施。

留置场所的设置、管理和监督依照国家有关规定执行。

第二十三条 监察机关调查涉嫌贪污贿赂、失职渎职等严重职务违法或者职务犯罪，根据工作需要，可以依照规定查询、冻结涉案单位和个人的存款、汇款、债券、股票、基金份额等财产。有关单位和个人应当配合。

冻结的财产经查明与案件无关的，应当在查明后三日内解除冻结，予以退还。

第二十四条　监察机关可以对涉嫌职务犯罪的被调查人以及可能隐藏被调查人或者犯罪证据的人的身体、物品、住处和其他有关地方进行搜查。在搜查时，应当出示搜查证，并有被搜查人或者其家属等见证人在场。

搜查女性身体，应当由女性工作人员进行。

监察机关进行搜查时，可以根据工作需要提请公安机关配合。公安机关应当依法予以协助。

第二十五条　监察机关在调查过程中，可以调取、查封、扣押用以证明被调查人涉嫌违法犯罪的财物、文件和电子数据等信息。采取调取、查封、扣押措施，应当收集原物原件，会同持有人或者保管人、见证人，当面逐一拍照、登记、编号，开列清单，由在场人员当场核对、签名，并将清单副本交财物、文件的持有人或者保管人。

对调取、查封、扣押的财物、文件，监察机关应当设立专用账户、专门场所，确定专门人员妥善保管，严格履行交接、调取手续，定期对账核实，不得毁损或者用于其他目的。对价值不明物品应当及时鉴定，专门封存保管。

查封、扣押的财物、文件经查明与案件无关的，应当在查明后三日内解除查封、扣押，予以退还。

第二十六条　监察机关在调查过程中，可以直接或者指派、聘请具有专门知识、资格的人员在调查人员主持下进行勘验检查。勘验检查情况应当制作笔录，由参加勘验检查的人员和见证人签名或者盖章。

第二十七条　监察机关在调查过程中，对于案件中的专门性问题，可以指派、聘请有专门知识的人进行鉴定。鉴定人进行鉴定后，应当出具鉴定意见，并且签名。

第二十八条 监察机关调查涉嫌重大贪污贿赂等职务犯罪，根据需要，经过严格的批准手续，可以采取技术调查措施，按照规定交有关机关执行。

批准决定应当明确采取技术调查措施的种类和适用对象，自签发之日起三个月以内有效；对于复杂、疑难案件，期限届满仍有必要继续采取技术调查措施的，经过批准，有效期可以延长，每次不得超过三个月。对于不需要继续采取技术调查措施的，应当及时解除。

第二十九条 依法应当留置的被调查人如果在逃，监察机关可以决定在本行政区域内通缉，由公安机关发布通缉令，追捕归案。通缉范围超出本行政区域的，应当报请有权决定的上级监察机关决定。

第三十条 监察机关为防止被调查人及相关人员逃匿境外，经省级以上监察机关批准，可以对被调查人及相关人员采取限制出境措施，由公安机关依法执行。对于不需要继续采取限制出境措施的，应当及时解除。

第三十一条 涉嫌职务犯罪的被调查人主动认罪认罚，有下列情形之一的，监察机关经领导人员集体研究，并报上一级监察机关批准，可以在移送人民检察院时提出从宽处罚的建议：

（一）自动投案，真诚悔罪悔过的；

（二）积极配合调查工作，如实供述监察机关还未掌握的违法犯罪行为的；

（三）积极退赃，减少损失的；

（四）具有重大立功表现或者案件涉及国家重大利益等情形的。

第三十二条 职务违法犯罪的涉案人员揭发有关被调查人职务违法犯罪行为，查证属实的，或者提供重要线索，有助于调查其他案件的，监察机关经领导人员集体研究，并报上一级监察机关批准，可以在移送人民检察院时提出从宽处罚的建议。

第三十三条　监察机关依照本法规定收集的物证、书证、证人证言、被调查人供述和辩解、视听资料、电子数据等证据材料，在刑事诉讼中可以作为证据使用。

监察机关在收集、固定、审查、运用证据时，应当与刑事审判关于证据的要求和标准相一致。

以非法方法收集的证据应当依法予以排除，不得作为案件处置的依据。

第三十四条　人民法院、人民检察院、公安机关、审计机关等国家机关在工作中发现公职人员涉嫌贪污贿赂、失职渎职等职务违法或者职务犯罪的问题线索，应当移送监察机关，由监察机关依法调查处置。

被调查人既涉嫌严重职务违法或者职务犯罪，又涉嫌其他违法犯罪的，一般应当由监察机关为主调查，其他机关予以协助。

第五章　监察程序

第三十五条　监察机关对于报案或者举报，应当接受并按照有关规定处理。对于不属于本机关管辖的，应当移送主管机关处理。

第三十六条　监察机关应当严格按照程序开展工作，建立问题线索处置、调查、审理各部门相互协调、相互制约的工作机制。

监察机关应当加强对调查、处置工作全过程的监督管理，设立相应的工作部门履行线索管理、监督检查、督促办理、统计分析等管理协调职能。

第三十七条　监察机关对监察对象的问题线索，应当按照有关规定提出处置意见，履行审批手续，进行分类办理。线索处置情况应当定期汇总、通报，定期检查、抽查。

第三十八条 需要采取初步核实方式处置问题线索的，监察机关应当依法履行审批程序，成立核查组。初步核实工作结束后，核查组应当撰写初步核实情况报告，提出处理建议。承办部门应当提出分类处理意见。初步核实情况报告和分类处理意见报监察机关主要负责人审批。

第三十九条 经过初步核实，对监察对象涉嫌职务违法犯罪，需要追究法律责任的，监察机关应当按照规定的权限和程序办理立案手续。

监察机关主要负责人依法批准立案后，应当主持召开专题会议，研究确定调查方案，决定需要采取的调查措施。

立案调查决定应当向被调查人宣布，并通报相关组织。涉嫌严重职务违法或者职务犯罪的，应当通知被调查人家属，并向社会公开发布。

第四十条 监察机关对职务违法和职务犯罪案件，应当进行调查，收集被调查人有无违法犯罪以及情节轻重的证据，查明违法犯罪事实，形成相互印证、完整稳定的证据链。

严禁以威胁、引诱、欺骗及其他非法方式收集证据，严禁侮辱、打骂、虐待、体罚或者变相体罚被调查人和涉案人员。

第四十一条 调查人员采取讯问、询问、留置、搜查、调取、查封、扣押、勘验检查等调查措施，均应当依照规定出示证件，出具书面通知，由二人以上进行，形成笔录、报告等书面材料，并由相关人员签名、盖章。

调查人员进行讯问以及搜查、查封、扣押等重要取证工作，应当对全过程进行录音录像，留存备查。

第四十二条 调查人员应当严格执行调查方案，不得随意扩大调查范围、变更调查对象和事项。

对调查过程中的重要事项，应当集体研究后按程序请示报告。

第四十三条 监察机关采取留置措施，应当由监察机关领导人员集体研究决定。设区的市级以下监察机关采取留置措施，应当报上一级监察机关批准。省级监察机关采取留置措施，应当报国家监察委员会备案。

留置时间不得超过三个月。在特殊情况下，可以延长一次，延长时间不得超过三个月。省级以下监察机关采取留置措施的，延长留置时间应当报上一级监察机关批准。监察机关发现采取留置措施不当的，应当及时解除。

监察机关采取留置措施，可以根据工作需要提请公安机关配合。公安机关应当依法予以协助。

第四十四条 对被调查人采取留置措施后，应当在二十四小时以内，通知被留置人员所在单位和家属，但有可能毁灭、伪造证据，干扰证人作证或者串供等有碍调查情形的除外。有碍调查的情形消失后，应当立即通知被留置人员所在单位和家属。

监察机关应当保障被留置人员的饮食、休息和安全，提供医疗服务。讯问被留置人员应当合理安排讯问时间和时长，讯问笔录由被讯问人阅看后签名。

被留置人员涉嫌犯罪移送司法机关后，被依法判处管制、拘役和有期徒刑的，留置一日折抵管制二日，折抵拘役、有期徒刑一日。

第四十五条 监察机关根据监督、调查结果，依法作出如下处置：

（一）对有职务违法行为但情节较轻的公职人员，按照管理权限，直接或者委托有关机关、人员，进行谈话提醒、批评教育、责令检查，或者予以诫勉；

（二）对违法的公职人员依照法定程序作出警告、记过、记大过、降级、撤职、开除等政务处分决定；

（三）对不履行或者不正确履行职责负有责任的领导人员，按照管理权限对其直接作出问责决定，或者向有权作出问责决定的机关提出问责建议；

（四）对涉嫌职务犯罪的，监察机关经调查认为犯罪事实清楚，证据确实、充分的，制作起诉意见书，连同案卷材料、证据一并移送人民检察院依法审查、提起公诉；

（五）对监察对象所在单位廉政建设和履行职责存在的问题等提出监察建议。

监察机关经调查，对没有证据证明被调查人存在违法犯罪行为的，应当撤销案件，并通知被调查人所在单位。

第四十六条 监察机关经调查，对违法取得的财物，依法予以没收、追缴或者责令退赔；对涉嫌犯罪取得的财物，应当随案移送人民检察院。

第四十七条 对监察机关移送的案件，人民检察院依照《中华人民共和国刑事诉讼法》对被调查人采取强制措施。

人民检察院经审查，认为犯罪事实已经查清，证据确实、充分，依法应当追究刑事责任的，应当作出起诉决定。

人民检察院经审查，认为需要补充核实的，应当退回监察机关补充调查，必要时可以自行补充侦查。对于补充调查的案件，应当在一个月内补充调查完毕。补充调查以二次为限。

人民检察院对于有《中华人民共和国刑事诉讼法》规定的不起诉的情形的，经上一级人民检察院批准，依法作出不起诉的决定。监察机关认为不起诉的决定有错误的，可以向上一级人民检察院提请复议。

第四十八条　监察机关在调查贪污贿赂、失职渎职等职务犯罪案件过程中，被调查人逃匿或者死亡，有必要继续调查的，经省级以上监察机关批准，应当继续调查并作出结论。被调查人逃匿，在通缉一年后不能到案，或者死亡的，由监察机关提请人民检察院依照法定程序，向人民法院提出没收违法所得的申请。

第四十九条　监察对象对监察机关作出的涉及本人的处理决定不服的，可以在收到处理决定之日起一个月内，向作出决定的监察机关申请复审，复审机关应当在一个月内作出复审决定；监察对象对复审决定仍不服的，可以在收到复审决定之日起一个月内，向上一级监察机关申请复核，复核机关应当在二个月内作出复核决定。复审、复核期间，不停止原处理决定的执行。复核机关经审查，认定处理决定有错误的，原处理机关应当及时予以纠正。

第六章　反腐败国际合作

第五十条　国家监察委员会统筹协调与其他国家、地区、国际组织开展的反腐败国际交流、合作，组织反腐败国际条约实施工作。

第五十一条　国家监察委员会组织协调有关方面加强与有关国家、地区、国际组织在反腐败执法、引渡、司法协助、被判刑人的移管、资产追回和信息交流等领域的合作。

第五十二条　国家监察委员会加强对反腐败国际追逃追赃和防逃工作的组织协调，督促有关单位做好相关工作：

（一）对于重大贪污贿赂、失职渎职等职务犯罪案件，被调查人逃匿到国（境）外，掌握证据比较确凿的，通过开展境外追逃合作，追捕归案；

（二）向赃款赃物所在国请求查询、冻结、扣押、没收、追缴、返还涉案资产；

（三）查询、监控涉嫌职务犯罪的公职人员及其相关人员进出国（境）和跨境资金流动情况，在调查案件过程中设置防逃程序。

第七章　对监察机关和监察人员的监督

第五十三条　各级监察委员会应当接受本级人民代表大会及其常务委员会的监督。

各级人民代表大会常务委员会听取和审议本级监察委员会的专项工作报告，组织执法检查。

县级以上各级人民代表大会及其常务委员会举行会议时，人民代表大会代表或者常务委员会组成人员可以依照法律规定的程序，就监察工作中的有关问题提出询问或者质询。

第五十四条　监察机关应当依法公开监察工作信息，接受民主监督、社会监督、舆论监督。

第五十五条　监察机关通过设立内部专门的监督机构等方式，加强对监察人员执行职务和遵守法律情况的监督，建设忠诚、干净、担当的监察队伍。

第五十六条　监察人员必须模范遵守宪法和法律，忠于职守、秉公执法，清正廉洁、保守秘密；必须具有良好的政治素质，熟悉监察业务，具备运用法律、法规、政策和调查取证等能力，自觉接受监督。

第五十七条　对于监察人员打听案情、过问案件、说情干预的，办理监察事项的监察人员应当及时报告。有关情况应当登记备案。

发现办理监察事项的监察人员未经批准接触被调查人、涉案人员及其特定关系人，或者存在交往情形的，知情人应当及时报告。有关情况应当登记备案。

第五十八条　办理监察事项的监察人员有下列情形之一的，应当自行回避，监察对象、检举人及其他有关人员也有权要求其回避：

（一）是监察对象或者检举人的近亲属的；

（二）担任过本案的证人的；

（三）本人或者其近亲属与办理的监察事项有利害关系的；

（四）有可能影响监察事项公正处理的其他情形的。

第五十九条　监察机关涉密人员离岗离职后，应当遵守脱密期管理规定，严格履行保密义务，不得泄露相关秘密。

监察人员辞职、退休三年内，不得从事与监察和司法工作相关联且可能发生利益冲突的职业。

第六十条　监察机关及其工作人员有下列行为之一的，被调查人及其近亲属有权向该机关申诉：

（一）留置法定期限届满，不予以解除的；

（二）查封、扣押、冻结与案件无关的财物的；

（三）应当解除查封、扣押、冻结措施而不解除的；

（四）贪污、挪用、私分、调换以及违反规定使用查封、扣押、冻结的财物的；

（五）其他违反法律法规、侵害被调查人合法权益的行为。

受理申诉的监察机关应当在受理申诉之日起一个月内作出处理决定。申诉人对处理决定不服的，可以在收到处理决定之日起一个月内向上一级监察机关申请复查，上一级监察机关应当在收到复查申请之日起二个月内作出处理决定，情况属实的，及时予以纠正。

第六十一条　对调查工作结束后发现立案依据不充分或者失实，案件处置出现重大失误，监察人员严重违法的，应当追究负有责任的领导人员和直接责任人员的责任。

第八章　法律责任

第六十二条　有关单位拒不执行监察机关作出的处理决定，或者无正当理由拒不采纳监察建议的，由其主管部门、上级机关责令改正，对单位给予通报批评；对负有责任的领导人员和直接责任人员依法给予处理。

第六十三条 有关人员违反本法规定，有下列行为之一的，由其所在单位、主管部门、上级机关或者监察机关责令改正，依法给予处理：

（一）不按要求提供有关材料，拒绝、阻碍调查措施实施等拒不配合监察机关调查的；

（二）提供虚假情况，掩盖事实真相的；

（三）串供或者伪造、隐匿、毁灭证据的；

（四）阻止他人揭发检举、提供证据的；

（五）其他违反本法规定的行为，情节严重的。

第六十四条 监察对象对控告人、检举人、证人或者监察人员进行报复陷害的；控告人、检举人、证人捏造事实诬告陷害监察对象的，依法给予处理。

第六十五条 监察机关及其工作人员有下列行为之一的，对负有责任的领导人员和直接责任人员依法给予处理：

（一）未经批准、授权处置问题线索，发现重大案情隐瞒不报，或者私自留存、处理涉案材料的；

（二）利用职权或者职务上的影响干预调查工作、以案谋私的；

（三）违法窃取、泄露调查工作信息，或者泄露举报事项、举报受理情况以及举报人信息的；

（四）对被调查人或者涉案人员逼供、诱供，或者侮辱、打骂、虐待、体罚或者变相体罚的；

（五）违反规定处置查封、扣押、冻结的财物的；

（六）违反规定发生办案安全事故，或者发生安全事故后隐瞒不报、报告失实、处置不当的；

（七）违反规定采取留置措施的；

（八）违反规定限制他人出境，或者不按规定解除出境限制的；

（九）其他滥用职权、玩忽职守、徇私舞弊的行为。

第六十六条　违反本法规定，构成犯罪的，依法追究刑事责任。

第六十七条　监察机关及其工作人员行使职权，侵犯公民、法人和其他组织的合法权益造成损害的，依法给予国家赔偿。

第九章　附　则

第六十八条　中国人民解放军和中国人民武装警察部队开展监察工作，由中央军事委员会根据本法制定具体规定。

第六十九条　本法自公布之日起施行。《中华人民共和国行政监察法》同时废止。

中华人民共和国公职人员政务处分法

（2020 年 6 月 20 日第十三届全国人民代表大会常务委员会第十九次会议通过）

第一章　总　则

第一条　为了规范政务处分，加强对所有行使公权力的公职人员的监督，促进公职人员依法履职、秉公用权、廉洁从政从业、坚持道德操守，根据《中华人民共和国监察法》，制定本法。

第二条　本法适用于监察机关对违法的公职人员给予政务处分的活动。

本法第二章、第三章适用于公职人员任免机关、单位对违法的公职人员给予处分。处分的程序、申诉等适用其他法律、行政法规、国务院部门规章和国家有关规定。

本法所称公职人员，是指《中华人民共和国监察法》第十五条规定的人员。

第三条　监察机关应当按照管理权限，加强对公职人员的监督，依法给予违法的公职人员政务处分。

公职人员任免机关、单位应当按照管理权限，加强对公职人员的教育、管理、监督，依法给予违法的公职人员处分。

监察机关发现公职人员任免机关、单位应当给予处分而未给予，或者给予的处分违法、不当的，应当及时提出监察建议。

第四条　给予公职人员政务处分，坚持党管干部原则，集体讨论决定；坚持法律面前一律平等，以事实为根据，以法律为准绳，给予的政务处分与违法行为的性质、情节、危害程度相当；坚持惩戒与教育相结合，宽严相济。

第五条　给予公职人员政务处分，应当事实清楚、证据确凿、定性准确、处理恰当、程序合法、手续完备。

第六条　公职人员依法履行职责受法律保护，非因法定事由、非经法定程序，不受政务处分。

第二章　政务处分的种类和适用

第七条　政务处分的种类为：

（一）警告；

（二）记过；

（三）记大过；

（四）降级；

（五）撤职；

（六）开除。

第八条　政务处分的期间为：

（一）警告，六个月；

（二）记过，十二个月；

（三）记大过，十八个月；

（四）降级、撤职，二十四个月。

政务处分决定自作出之日起生效，政务处分期自政务处分决定生效之日起计算。

第九条　公职人员二人以上共同违法，根据各自在违法行为中所起的作用和应当承担的法律责任，分别给予政务处分。

第十条 有关机关、单位、组织集体作出的决定违法或者实施违法行为的，对负有责任的领导人员和直接责任人员中的公职人员依法给予政务处分。

第十一条 公职人员有下列情形之一的，可以从轻或者减轻给予政务处分：

（一）主动交代本人应当受到政务处分的违法行为的；

（二）配合调查，如实说明本人违法事实的；

（三）检举他人违纪违法行为，经查证属实的；

（四）主动采取措施，有效避免、挽回损失或者消除不良影响的；

（五）在共同违法行为中起次要或者辅助作用的；

（六）主动上交或者退赔违法所得的；

（七）法律、法规规定的其他从轻或者减轻情节。

第十二条 公职人员违法行为情节轻微，且具有本法第十一条规定的情形之一的，可以对其进行谈话提醒、批评教育、责令检查或者予以诫勉，免予或者不予政务处分。

公职人员因不明真相被裹挟或者被胁迫参与违法活动，经批评教育后确有悔改表现的，可以减轻、免予或者不予政务处分。

第十三条 公职人员有下列情形之一的，应当从重给予政务处分：

（一）在政务处分期内再次故意违法，应当受到政务处分的；

（二）阻止他人检举、提供证据的；

（三）串供或者伪造、隐匿、毁灭证据的；

（四）包庇同案人员的；

（五）胁迫、唆使他人实施违法行为的；

（六）拒不上交或者退赔违法所得的；

（七）法律、法规规定的其他从重情节。

第十四条　公职人员犯罪，有下列情形之一的，予以开除：

（一）因故意犯罪被判处管制、拘役或者有期徒刑以上刑罚（含宣告缓刑）的；

（二）因过失犯罪被判处有期徒刑，刑期超过三年的；

（三）因犯罪被单处或者并处剥夺政治权利的。

因过失犯罪被判处管制、拘役或者三年以下有期徒刑的，一般应当予以开除；案件情况特殊，予以撤职更为适当的，可以不予开除，但是应当报请上一级机关批准。

公职人员因犯罪被单处罚金，或者犯罪情节轻微，人民检察院依法作出不起诉决定或者人民法院依法免予刑事处罚的，予以撤职；造成不良影响的，予以开除。

第十五条　公职人员有两个以上违法行为的，应当分别确定政务处分。应当给予两种以上政务处分的，执行其中最重的政务处分；应当给予撤职以下多个相同政务处分的，可以在一个政务处分期以上、多个政务处分期之和以下确定政务处分期，但是最长不得超过四十八个月。

第十六条　对公职人员的同一违法行为，监察机关和公职人员任免机关、单位不得重复给予政务处分和处分。

第十七条　公职人员有违法行为，有关机关依照规定给予组织处理的，监察机关可以同时给予政务处分。

第十八条　担任领导职务的公职人员有违法行为，被罢免、撤销、免去或者辞去领导职务的，监察机关可以同时给予政务处分。

第十九条　公务员以及参照《中华人民共和国公务员法》管理的人员在政务处分期内，不得晋升职务、职级、衔级和级别；其中，被记过、记大过、降级、撤职的，不得晋升工资档次。被撤职的，按照规定降低职务、职级、衔级和级别，同时降低工资和待遇。

第二十条　法律、法规授权或者受国家机关依法委托管理公共事务的组织中从事公务的人员，以及公办的教育、科研、文化、医疗卫生、体育等单位中从事管理的人员，在政务处分期内，不得晋升职务、岗位和职员等级、职称；其中，被记过、记大过、降级、撤职的，不得晋升薪酬待遇等级。被撤职的，降低职务、岗位或者职员等级，同时降低薪酬待遇。

第二十一条 国有企业管理人员在政务处分期内，不得晋升职务、岗位等级和职称；其中，被记过、记大过、降级、撤职的，不得晋升薪酬待遇等级。被撤职的，降低职务或者岗位等级，同时降低薪酬待遇。

第二十二条 基层群众性自治组织中从事管理的人员有违法行为的，监察机关可以予以警告、记过、记大过。

基层群众性自治组织中从事管理的人员受到政务处分的，应当由县级或者乡镇人民政府根据具体情况减发或者扣发补贴、奖金。

第二十三条 《中华人民共和国监察法》第十五条第六项规定的人员有违法行为的，监察机关可以予以警告、记过、记大过。情节严重的，由所在单位直接给予或者监察机关建议有关机关、单位给予降低薪酬待遇、调离岗位、解除人事关系或者劳动关系等处理。

《中华人民共和国监察法》第十五条第二项规定的人员，未担任公务员、参照《中华人民共和国公务员法》管理的人员、事业单位工作人员或者国有企业人员职务的，对其违法行为依照前款规定处理。

第二十四条 公职人员被开除，或者依照本法第二十三条规定，受到解除人事关系或者劳动关系处理的，不得录用为公务员以及参照《中华人民共和国公务员法》管理的人员。

第二十五条 公职人员违法取得的财物和用于违法行为的本人财物，除依法应当由其他机关没收、追缴或者责令退赔的，由监察机关没收、追缴或者责令退赔；应当退还原所有人或者原持有人的，依法予以退还；属于国家财产或者不应当退还以及无法退还的，上缴国库。

公职人员因违法行为获得的职务、职级、衔级、级别、岗位和职员等级、职称、待遇、资格、学历、学位、荣誉、奖励等其他利益，监察机关应当建议有关机关、单位、组织按规定予以纠正。

第二十六条 公职人员被开除的，自政务处分决定生效之日起，应当解除其与所在机关、单位的人事关系或者劳动关系。

公职人员受到开除以外的政务处分，在政务处分期内有悔改表现，并且没有再发生应当给予政务处分的违法行为的，政务处分期满后自动解除，晋升职务、职级、衔级、级别、岗位和职员等级、职称、薪酬待遇不再受原政务处分影响。但是，解除降级、撤职的，不恢复原职务、职级、衔级、级别、岗位和职员等级、职称、薪酬待遇。

第二十七条 已经退休的公职人员退休前或者退休后有违法行为的，不再给予政务处分，但是可以对其立案调查；依法应当予以降级、撤职、开除的，应当按照规定相应调整其享受的待遇，对其违法取得的财物和用于违法行为的本人财物依照本法第二十五条的规定处理。

已经离职或者死亡的公职人员在履职期间有违法行为的，依照前款规定处理。

第三章 违法行为及其适用的政务处分

第二十八条 有下列行为之一的，予以记过或者记大过；情节较重的，予以降级或者撤职；情节严重的，予以开除：

（一）散布有损宪法权威、中国共产党领导和国家声誉的言论的；

（二）参加旨在反对宪法、中国共产党领导和国家的集会、游行、示威等活动的；

（三）拒不执行或者变相不执行中国共产党和国家的路线方针政策、重大决策部署的；

（四）参加非法组织、非法活动的；

（五）挑拨、破坏民族关系，或者参加民族分裂活动的；

（六）利用宗教活动破坏民族团结和社会稳定的；

（七）在对外交往中损害国家荣誉和利益的。

有前款第二项、第四项、第五项和第六项行为之一的，对策划者、组织者和骨干分子，予以开除。

公开发表反对宪法确立的国家指导思想，反对中国共产党领导，反对社会主义制度，反对改革开放的文章、演说、宣言、声明等的，予以开除。

第二十九条　不按照规定请示、报告重大事项，情节较重的，予以警告、记过或者记大过；情节严重的，予以降级或者撤职。

违反个人有关事项报告规定，隐瞒不报，情节较重的，予以警告、记过或者记大过。

篡改、伪造本人档案资料的，予以记过或者记大过；情节严重的，予以降级或者撤职。

第三十条　有下列行为之一的，予以警告、记过或者记大过；情节严重的，予以降级或者撤职：

（一）违反民主集中制原则，个人或者少数人决定重大事项，或者拒不执行、擅自改变集体作出的重大决定的；

（二）拒不执行或者变相不执行、拖延执行上级依法作出的决定、命令的。

第三十一条　违反规定出境或者办理因私出境证件的，予以记过或者记大过；情节严重的，予以降级或者撤职。

违反规定取得外国国籍或者获取境外永久居留资格、长期居留许可的，予以撤职或者开除。

第三十二条　有下列行为之一的，予以警告、记过或者记大过；

情节较重的，予以降级或者撤职；情节严重的，予以开除：

（一）在选拔任用、录用、聘用、考核、晋升、评选等干部人事工作中违反有关规定的；

（二）弄虚作假，骗取职务、职级、衔级、级别、岗位和职员等级、职称、待遇、资格、学历、学位、荣誉、奖励或者其他利益的；

（三）对依法行使批评、申诉、控告、检举等权利的行为进行压制或者打击报复的；

（四）诬告陷害，意图使他人受到名誉损害或者责任追究等不良影响的；

（五）以暴力、威胁、贿赂、欺骗等手段破坏选举的。

第三十三条　有下列行为之一的，予以警告、记过或者记大过；情节较重的，予以降级或者撤职；情节严重的，予以开除：

（一）贪污贿赂的；

（二）利用职权或者职务上的影响为本人或者他人谋取私利的；

（三）纵容、默许特定关系人利用本人职权或者职务上的影响谋取私利的。

拒不按照规定纠正特定关系人违规任职、兼职或者从事经营活动，且不服从职务调整的，予以撤职。

第三十四条　收受可能影响公正行使公权力的礼品、礼金、有价证券等财物的，予以警告、记过或者记大过；情节较重的，予以降级或者撤职；情节严重的，予以开除。

向公职人员及其特定关系人赠送可能影响公正行使公权力的礼品、礼金、有价证券等财物，或者接受、提供可能影响公正行使公权力的宴请、旅游、健身、娱乐等活动安排，情节较重的，予以警告、记过或者记大过；情节严重的，予以降级或者撤职。

第三十五条　有下列行为之一，情节较重的，予以警告、记过或者记大过；情节严重的，予以降级或者撤职：

（一）违反规定设定、发放薪酬或者津贴、补贴、奖金的；

（二）违反规定，在公务接待、公务交通、会议活动、办公用房以及其他工作生活保障等方面超标准、超范围的；

（三）违反规定公款消费的。

第三十六条 违反规定从事或者参与营利性活动，或者违反规定兼任职务、领取报酬的，予以警告、记过或者记大过；情节较重的，予以降级或者撤职；情节严重的，予以开除。

第三十七条 利用宗族或者黑恶势力等欺压群众，或者纵容、包庇黑恶势力活动的，予以撤职；情节严重的，予以开除。

第三十八条 有下列行为之一，情节较重的，予以警告、记过或者记大过；情节严重的，予以降级或者撤职：

（一）违反规定向管理服务对象收取、摊派财物的；

（二）在管理服务活动中故意刁难、吃拿卡要的；

（三）在管理服务活动中态度恶劣粗暴，造成不良后果或者影响的；

（四）不按照规定公开工作信息，侵犯管理服务对象知情权，造成不良后果或者影响的；

（五）其他侵犯管理服务对象利益的行为，造成不良后果或者影响的。

有前款第一项、第二项和第五项行为，情节特别严重的，予以开除。

第三十九条 有下列行为之一，造成不良后果或者影响的，予以警告、记过或者记大过；情节较重的，予以降级或者撤职；情节严重的，予以开除：

（一）滥用职权，危害国家利益、社会公共利益或者侵害公民、法人、其他组织合法权益的；

（二）不履行或者不正确履行职责，玩忽职守，贻误工作的；

（三）工作中有形式主义、官僚主义行为的；

（四）工作中有弄虚作假，误导、欺骗行为的；

（五）泄露国家秘密、工作秘密，或者泄露因履行职责掌握的商业秘密、个人隐私的。

第四十条 有下列行为之一的，予以警告、记过或者记大过；情节较重的，予以降级或者撤职；情节严重的，予以开除：

（一）违背社会公序良俗，在公共场所有不当行为，造成不良影响的；

（二）参与或者支持迷信活动，造成不良影响的；

（三）参与赌博的；

（四）拒不承担赡养、抚养、扶养义务的；

（五）实施家庭暴力，虐待、遗弃家庭成员的；

（六）其他严重违反家庭美德、社会公德的行为。

吸食、注射毒品，组织赌博，组织、支持、参与卖淫、嫖娼、色情淫乱活动的，予以撤职或者开除。

第四十一条 公职人员有其他违法行为，影响公职人员形象，损害国家和人民利益的，可以根据情节轻重给予相应政务处分。

第四章 政务处分的程序

第四十二条 监察机关对涉嫌违法的公职人员进行调查，应当由二名以上工作人员进行。监察机关进行调查时，有权依法向有关单位和个人了解情况，收集、调取证据。有关单位和个人应当如实提供情况。

严禁以威胁、引诱、欺骗及其他非法方式收集证据。以非法方式收集的证据不得作为给予政务处分的依据。

第四十三条 作出政务处分决定前，监察机关应当将调查认定的违法事实及拟给予政务处分的依据告知被调查人，听取被调查人的陈述和申辩，并对其陈述的事实、理由和证据进行核实，记录在案。被调查人提出的事实、理由和证据成立的，应予采纳。不得因被调查人的申辩而加重政务处分。

第四十四条 调查终结后，监察机关应当根据下列不同情况，分别作出处理：

（一）确有应受政务处分的违法行为的，根据情节轻重，按照政务处分决定权限，履行规定的审批手续后，作出政务处分决定；

（二）违法事实不能成立的，撤销案件；

（三）符合免予、不予政务处分条件的，作出免予、不予政务处分决定；

（四）被调查人涉嫌其他违法或者犯罪行为的，依法移送主管机关处理。

第四十五条 决定给予政务处分的，应当制作政务处分决定书。

政务处分决定书应当载明下列事项：

（一）被处分人的姓名、工作单位和职务；

（二）违法事实和证据；

（三）政务处分的种类和依据；

（四）不服政务处分决定，申请复审、复核的途径和期限；

（五）作出政务处分决定的机关名称和日期。

政务处分决定书应当盖有作出决定的监察机关的印章。

第四十六条 政务处分决定书应当及时送达被处分人和被处分人所在机关、单位，并在一定范围内宣布。

作出政务处分决定后，监察机关应当根据被处分人的具体身份书面告知相关的机关、单位。

第四十七条　参与公职人员违法案件调查、处理的人员有下列情形之一的，应当自行回避，被调查人、检举人及其他有关人员也有权要求其回避：

（一）是被调查人或者检举人的近亲属的；

（二）担任过本案的证人的；

（三）本人或者其近亲属与调查的案件有利害关系的；

（四）可能影响案件公正调查、处理的其他情形。

第四十八条　监察机关负责人的回避，由上级监察机关决定；其他参与违法案件调查、处理人员的回避，由监察机关负责人决定。

监察机关或者上级监察机关发现参与违法案件调查、处理人员有应当回避情形的，可以直接决定该人员回避。

第四十九条　公职人员依法受到刑事责任追究的，监察机关应当根据司法机关的生效判决、裁定、决定及其认定的事实和情节，依照本法规定给予政务处分。

公职人员依法受到行政处罚，应当给予政务处分的，监察机关可以根据行政处罚决定认定的事实和情节，经立案调查核实后，依照本法给予政务处分。

监察机关根据本条第一款、第二款的规定作出政务处分后，司法机关、行政机关依法改变原生效判决、裁定、决定等，对原政务处分决定产生影响的，监察机关应当根据改变后的判决、裁定、决定等重新作出相应处理。

第五十条　监察机关对经各级人民代表大会、县级以上各级人民代表大会常务委员会选举或者决定任命的公职人员予以撤职、开除的，应当先依法罢免、撤销或者免去其职务，再依法作出政务处分决定。

监察机关对经中国人民政治协商会议各级委员会全体会议或者其

常务委员会选举或者决定任命的公职人员予以撤职、开除的，应当先依章程免去其职务，再依法作出政务处分决定。

监察机关对各级人民代表大会代表、中国人民政治协商会议各级委员会委员给予政务处分的，应当向有关的人民代表大会常务委员会，乡、民族乡、镇的人民代表大会主席团或者中国人民政治协商会议委员会常务委员会通报。

第五十一条 下级监察机关根据上级监察机关的指定管辖决定进行调查的案件，调查终结后，对不属于本监察机关管辖范围内的监察对象，应当交有管理权限的监察机关依法作出政务处分决定。

第五十二条 公职人员涉嫌违法，已经被立案调查，不宜继续履行职责的，公职人员任免机关、单位可以决定暂停其履行职务。

公职人员在被立案调查期间，未经监察机关同意，不得出境、辞去公职；被调查公职人员所在机关、单位及上级机关、单位不得对其交流、晋升、奖励、处分或者办理退休手续。

第五十三条 监察机关在调查中发现公职人员受到不实检举、控告或者诬告陷害，造成不良影响的，应当按照规定及时澄清事实，恢复名誉，消除不良影响。

第五十四条 公职人员受到政务处分的，应当将政务处分决定书存入其本人档案。对于受到降级以上政务处分的，应当由人事部门按照管理权限在作出政务处分决定后一个月内办理职务、工资及其他有关待遇等的变更手续；特殊情况下，经批准可以适当延长办理期限，但是最长不得超过六个月。

第五章　复审、复核

第五十五条 公职人员对监察机关作出的涉及本人的政务处分决定不服的，可以依法向作出决定的监察机关申请复审；公职人员对复审决定仍不服的，可以向上一级监察机关申请复核。

监察机关发现本机关或者下级监察机关作出的政务处分决定确有错误的，应当及时予以纠正或者责令下级监察机关及时予以纠正。

第五十六条 复审、复核期间，不停止原政务处分决定的执行。

公职人员不因提出复审、复核而被加重政务处分。

第五十七条 有下列情形之一的，复审、复核机关应当撤销原政务处分决定，重新作出决定或者责令原作出决定的监察机关重新作出决定：

（一）政务处分所依据的违法事实不清或者证据不足的；

（二）违反法定程序，影响案件公正处理的；

（三）超越职权或者滥用职权作出政务处分决定的。

第五十八条 有下列情形之一的，复审、复核机关应当变更原政务处分决定，或者责令原作出决定的监察机关予以变更：

（一）适用法律、法规确有错误的；

（二）对违法行为的情节认定确有错误的；

（三）政务处分不当的。

第五十九条 复审、复核机关认为政务处分决定认定事实清楚，适用法律正确的，应当予以维持。

第六十条 公职人员的政务处分决定被变更，需要调整该公职人员的职务、职级、衔级、级别、岗位和职员等级或者薪酬待遇等的，应当按照规定予以调整。政务处分决定被撤销的，应当恢复该公职人员的级别、薪酬待遇，按照原职务、职级、衔级、岗位和职员等级安排相应的职务、职级、衔级、岗位和职员等级，并在原政务处分决定公布范围内为其恢复名誉。没收、追缴财物错误的，应当依法予以返还、赔偿。

公职人员因有本法第五十七条、第五十八条规定的情形被撤销政务处分或者减轻政务处分的，应当对其薪酬待遇受到的损失予以补偿。

第六章 法律责任

第六十一条 有关机关、单位无正当理由拒不采纳监察建议的，由其上级机关、主管部门责令改正，对该机关、单位给予通报批评，对负有责任的领导人员和直接责任人员依法给予处理。

第六十二条 有关机关、单位、组织或者人员有下列情形之一的，由其上级机关，主管部门，任免机关、单位或者监察机关责令改正，依法给予处理：

（一）拒不执行政务处分决定的；

（二）拒不配合或者阻碍调查的；

（三）对检举人、证人或者调查人员进行打击报复的；

（四）诬告陷害公职人员的；

（五）其他违反本法规定的情形。

第六十三条 监察机关及其工作人员有下列情形之一的，对负有责任的领导人员和直接责任人员依法给予处理：

（一）违反规定处置问题线索的；

（二）窃取、泄露调查工作信息，或者泄露检举事项、检举受理情况以及检举人信息的；

（三）对被调查人或者涉案人员逼供、诱供，或者侮辱、打骂、虐待、体罚或者变相体罚的；

（四）收受被调查人或者涉案人员的财物以及其他利益的；

（五）违反规定处置涉案财物的；

（六）违反规定采取调查措施的；

（七）利用职权或者职务上的影响干预调查工作、以案谋私的；

（八）违反规定发生办案安全事故，或者发生安全事故后隐瞒不报、报告失实、处置不当的；

（九）违反回避等程序规定，造成不良影响的；

（十）不依法受理和处理公职人员复审、复核的；

（十一）其他滥用职权、玩忽职守、徇私舞弊的行为。

第六十四条　违反本法规定，构成犯罪的，依法追究刑事责任。

第七章　附　则

第六十五条　国务院及其相关主管部门根据本法的原则和精神，结合事业单位、国有企业等的实际情况，对事业单位、国有企业等的违法的公职人员处分事宜作出具体规定。

第六十六条　中央军事委员会可以根据本法制定相关具体规定。

第六十七条　本法施行前，已结案的案件如果需要复审、复核，适用当时的规定。尚未结案的案件，如果行为发生时的规定不认为是违法的，适用当时的规定；如果行为发生时的规定认为是违法的，依照当时的规定处理，但是如果本法不认为是违法或者根据本法处理较轻的，适用本法。

第六十八条　本法自 2020 年 7 月 1 日起施行。

中华人民共和国公务员法

（2018年12月29日第十三届全国人民代表大会常务委员会第七次会议修订）

第一章　总　则

第一条　为了规范公务员的管理，保障公务员的合法权益，加强对公务员的监督，促进公务员正确履职尽责，建设信念坚定、为民服务、勤政务实、敢于担当、清正廉洁的高素质专业化公务员队伍，根据宪法，制定本法。

第二条　本法所称公务员，是指依法履行公职、纳入国家行政编制、由国家财政负担工资福利的工作人员。

公务员是干部队伍的重要组成部分，是社会主义事业的中坚力量，是人民的公仆。

第三条　公务员的义务、权利和管理，适用本法。

法律对公务员中领导成员的产生、任免、监督以及监察官、法官、检察官等的义务、权利和管理另有规定的，从其规定。

第四条　公务员制度坚持中国共产党领导，坚持以马克思列宁主义、毛泽东思想、邓小平理论、“三个代表”重要思想、科学发展观、习近平新时代中国特色社会主义思想为指导，贯彻社会主义初级阶段的基本路线，贯彻新时代中国共产党的组织路线，坚持党管干部原则。

第五条　公务员的管理，坚持公开、平等、竞争、择优的原则，依照法定的权限、条件、标准和程序进行。

第六条 公务员的管理，坚持监督约束与激励保障并重的原则。

第七条 公务员的任用，坚持德才兼备、以德为先，坚持五湖四海、任人唯贤，坚持事业为上、公道正派，突出政治标准，注重工作实绩。

第八条 国家对公务员实行分类管理，提高管理效能和科学化水平。

第九条 公务员就职时应当依照法律规定公开进行宪法宣誓。

第十条 公务员依法履行职责的行为，受法律保护。

第十一条 公务员工资、福利、保险以及录用、奖励、培训、辞退等所需经费，列入财政预算，予以保障。

第十二条 中央公务员主管部门负责全国公务员的综合管理工作。县级以上地方各级公务员主管部门负责本辖区内公务员的综合管理工作。上级公务员主管部门指导下级公务员主管部门的公务员管理工作。各级公务员主管部门指导同级各机关的公务员管理工作。

第二章 公务员的条件、义务与权利

第十三条 公务员应当具备下列条件：

（一）具有中华人民共和国国籍；

（二）年满十八周岁；

（三）拥护中华人民共和国宪法，拥护中国共产党领导和社会主义制度；

（四）具有良好的政治素质和道德品行；

（五）具有正常履行职责的身体条件和心理素质；

（六）具有符合职位要求的文化程度和工作能力；

（七）法律规定的其他条件。

第十四条 公务员应当履行下列义务：

（一）忠于宪法，模范遵守、自觉维护宪法和法律，自觉接受中国共产党领导；

（二）忠于国家，维护国家的安全、荣誉和利益；

（三）忠于人民，全心全意为人民服务，接受人民监督；

（四）忠于职守，勤勉尽责，服从和执行上级依法作出的决定和命令，按照规定的权限和程序履行职责，努力提高工作质量和效率；

（五）保守国家秘密和工作秘密；

（六）带头践行社会主义核心价值观，坚守法治，遵守纪律，恪守职业道德，模范遵守社会公德、家庭美德；

（七）清正廉洁，公道正派；

（八）法律规定的其他义务。

第十五条　公务员享有下列权利：

（一）获得履行职责应当具有的工作条件；

（二）非因法定事由、非经法定程序，不被免职、降职、辞退或者处分；

（三）获得工资报酬，享受福利、保险待遇；

（四）参加培训；

（五）对机关工作和领导人员提出批评和建议；

（六）提出申诉和控告；

（七）申请辞职；

（八）法律规定的其他权利。

第三章　职务、职级与级别

第十六条　国家实行公务员职位分类制度。

公务员职位类别按照公务员职位的性质、特点和管理需要，划分为综合管理类、专业技术类和行政执法类等类别。根据本法，对于具有职位特殊性，需要单独管理的，可以增设其他职位类别。各职位类别的适用范围由国家另行规定。

第十七条　国家实行公务员职务与职级并行制度，根据公务员职位类别和职责设置公务员领导职务、职级序列。

第十八条　公务员领导职务根据宪法、有关法律和机构规格设置。

领导职务层次分为：国家级正职、国家级副职、省部级正职、省部级副职、厅局级正职、厅局级副职、县处级正职、县处级副职、乡科级正职、乡科级副职。

第十九条　公务员职级在厅局级以下设置。

综合管理类公务员职级序列分为：一级巡视员、二级巡视员、一级调研员、二级调研员、三级调研员、四级调研员、一级主任科员、二级主任科员、三级主任科员、四级主任科员、一级科员、二级科员。

综合管理类以外其他职位类别公务员的职级序列，根据本法由国家另行规定。

第二十条　各机关依照确定的职能、规格、编制限额、职数以及结构比例，设置本机关公务员的具体职位，并确定各职位的工作职责和任职资格条件。

第二十一条　公务员的领导职务、职级应当对应相应的级别。公务员领导职务、职级与级别的对应关系，由国家规定。

根据工作需要和领导职务与职级的对应关系，公务员担任的领导职务和职级可以互相转任、兼任；符合规定资格条件的，可以晋升领导职务或者职级。

公务员的级别根据所任领导职务、职级及其德才表现、工作实绩和资历确定。公务员在同一领导职务、职级上，可以按照国家规定晋升级别。

公务员的领导职务、职级与级别是确定公务员工资以及其他待遇的依据。

第二十二条　国家根据人民警察、消防救援人员以及海关、驻外外交机构等公务员的工作特点，设置与其领导职务、职级相对应的衔级。

第四章　录　用

第二十三条　录用担任一级主任科员以下及其他相当职级层次的公务员，采取公开考试、严格考察、平等竞争、择优录取的办法。

民族自治地方依照前款规定录用公务员时，依照法律和有关规定对少数民族报考者予以适当照顾。

第二十四条　中央机关及其直属机构公务员的录用，由中央公务员主管部门负责组织。地方各级机关公务员的录用，由省级公务员主管部门负责组织，必要时省级公务员主管部门可以授权设区的市级公务员主管部门组织。

第二十五条　报考公务员，除应当具备本法第十三条规定的条件以外，还应当具备省级以上公务员主管部门规定的拟任职位所要求的资格条件。

国家对行政机关中初次从事行政处罚决定审核、行政复议、行政裁决、法律顾问的公务员实行统一法律职业资格考试制度，由国务院司法行政部门商有关部门组织实施。

第二十六条　下列人员不得录用为公务员：

（一）因犯罪受过刑事处罚的；

（二）被开除中国共产党党籍的；

（三）被开除公职的；

（四）被依法列为失信联合惩戒对象的；

（五）有法律规定不得录用为公务员的其他情形的。

第二十七条　录用公务员，应当在规定的编制限额内，并有相应的职位空缺。

第二十八条　录用公务员，应当发布招考公告。招考公告应当载明招考的职位、名额、报考资格条件、报考需要提交的申请材料以及其他报考须知事项。

招录机关应当采取措施，便利公民报考。

第二十九条　招录机关根据报考资格条件对报考申请进行审查。报考者提交的申请材料应当真实、准确。

第三十条　公务员录用考试采取笔试和面试等方式进行，考试内容根据公务员应当具备的基本能力和不同职位类别、不同层级机关分别设置。

第三十一条　招录机关根据考试成绩确定考察人选，并进行报考资格复审、考察和体检。

体检的项目和标准根据职位要求确定。具体办法由中央公务员主管部门会同国务院卫生健康行政部门规定。

第三十二条　招录机关根据考试成绩、考察情况和体检结果，提出拟录用人员名单，并予以公示。公示期不少于五个工作日。

公示期满，中央一级招录机关应当将拟录用人员名单报中央公务员主管部门备案；地方各级招录机关应当将拟录用人员名单报省级或者设区的市级公务员主管部门审批。

第三十三条　录用特殊职位的公务员，经省级以上公务员主管部门批准，可以简化程序或者采用其他测评办法。

第三十四条　新录用的公务员试用期为一年。试用期满合格的，予以任职；不合格的，取消录用。

第五章　考　核

第三十五条　公务员的考核应当按照管理权限，全面考核公务员的德、能、勤、绩、廉，重点考核政治素质和工作实绩。考核指标根据不同职位类别、不同层级机关分别设置。

第三十六条　公务员的考核分为平时考核、专项考核和定期考核等方式。定期考核以平时考核、专项考核为基础。

第三十七条　非领导成员公务员的定期考核采取年度考核的方式。先由个人按照职位职责和有关要求进行总结，主管领导在听取群众意见后，提出考核等次建议，由本机关负责人或者授权的考核委员会确定考核等次。

领导成员的考核由主管机关按照有关规定办理。

第三十八条 定期考核的结果分为优秀、称职、基本称职和不称职四个等次。

定期考核的结果应当以书面形式通知公务员本人。

第三十九条 定期考核的结果作为调整公务员职位、职务、职级、级别、工资以及公务员奖励、培训、辞退的依据。

第六章 职务、职级任免

第四十条 公务员领导职务实行选任制、委任制和聘任制。公务员职级实行委任制和聘任制。

领导成员职务按照国家规定实行任期制。

第四十一条 选任制公务员在选举结果生效时即任当选职务；任期届满不再连任或者任期内辞职、被罢免、被撤职的，其所任职务即终止。

第四十二条 委任制公务员试用期满考核合格，职务、职级发生变化，以及其他情形需要任免职务、职级的，应当按照管理权限和规定的程序任免。

第四十三条 公务员任职应当在规定的编制限额和职数内进行，并有相应的职位空缺。

第四十四条 公务员因工作需要在机关外兼职，应当经有关机关批准，并不得领取兼职报酬。

第七章 职务、职级升降

第四十五条 公务员晋升领导职务，应当具备拟任职务所要求的政治素质、工作能力、文化程度和任职经历等方面的条件和资格。

公务员领导职务应当逐级晋升。特别优秀的或者工作特殊需要的，可以按照规定破格或者越级晋升。

第四十六条　公务员晋升领导职务，按照下列程序办理：

（一）动议；

（二）民主推荐；

（三）确定考察对象，组织考察；

（四）按照管理权限讨论决定；

（五）履行任职手续。

第四十七条　厅局级正职以下领导职务出现空缺且本机关没有合适人选的，可以通过适当方式面向社会选拔任职人选。

第四十八条　公务员晋升领导职务的，应当按照有关规定实行任职前公示制度和任职试用期制度。

第四十九条　公务员职级应当逐级晋升，根据个人德才表现、工作实绩和任职资历，参考民主推荐或者民主测评结果确定人选，经公示后，按照管理权限审批。

第五十条　公务员的职务、职级实行能上能下。对不适宜或者不胜任现任职务、职级的，应当进行调整。

公务员在年度考核中被确定为不称职的，按照规定程序降低一个职务或者职级层次任职。

第八章　奖　励

第五十一条　对工作表现突出，有显著成绩和贡献，或者有其他突出事迹的公务员或者公务员集体，给予奖励。奖励坚持定期奖励与及时奖励相结合，精神奖励与物质奖励相结合、以精神奖励为主的原则。

公务员集体的奖励适用于按照编制序列设置的机构或者为完成专项任务组成的工作集体。

第五十二条　公务员或者公务员集体有下列情形之一的，给予奖励：

（一）忠于职守，积极工作，勇于担当，工作实绩显著的；

（二）遵纪守法，廉洁奉公，作风正派，办事公道，模范作用突出的；

（三）在工作中有发明创造或者提出合理化建议，取得显著经济效益或者社会效益的；

（四）为增进民族团结，维护社会稳定做出突出贡献的；

（五）爱护公共财产，节约国家资财有突出成绩的；

（六）防止或者消除事故有功，使国家和人民群众利益免受或者减少损失的；

（七）在抢险、救灾等特定环境中做出突出贡献的；

（八）同违纪违法行为作斗争有功绩的；

（九）在对外交往中为国家争得荣誉和利益的；

（十）有其他突出功绩的。

第五十三条　奖励分为：嘉奖、记三等功、记二等功、记一等功、授予称号。

对受奖励的公务员或者公务员集体予以表彰，并对受奖励的个人给予一次性奖金或者其他待遇。

第五十四条　给予公务员或者公务员集体奖励，按照规定的权限和程序决定或者审批。

第五十五条　按照国家规定，可以向参与特定时期、特定领域重大工作的公务员颁发纪念证书或者纪念章。

第五十六条　公务员或者公务员集体有下列情形之一的，撤销奖励：

（一）弄虚作假，骗取奖励的；

（二）申报奖励时隐瞒严重错误或者严重违反规定程序的；

（三）有严重违纪违法等行为，影响称号声誉的；

（四）有法律、法规规定应当撤销奖励的其他情形的。

第九章　监督与惩戒

第五十七条　机关应当对公务员的思想政治、履行职责、作风表现、遵纪守法等情况进行监督，开展勤政廉政教育，建立日常管理监督制度。

对公务员监督发现问题的，应当区分不同情况，予以谈话提醒、批评教育、责令检查、诫勉、组织调整、处分。

对公务员涉嫌职务违法和职务犯罪的，应当依法移送监察机关处理。

第五十八条　公务员应当自觉接受监督，按照规定请示报告工作、报告个人有关事项。

第五十九条　公务员应当遵纪守法，不得有下列行为：

（一）散布有损宪法权威、中国共产党和国家声誉的言论，组织或者参加旨在反对宪法、中国共产党领导和国家的集会、游行、示威等活动；

（二）组织或者参加非法组织，组织或者参加罢工；

（三）挑拨、破坏民族关系，参加民族分裂活动或者组织、利用宗教活动破坏民族团结和社会稳定；

（四）不担当，不作为，玩忽职守，贻误工作；

（五）拒绝执行上级依法作出的决定和命令；

（六）对批评、申诉、控告、检举进行压制或者打击报复；

（七）弄虚作假，误导、欺骗领导和公众；

（八）贪污贿赂，利用职务之便为自己或者他人谋取私利；

（九）违反财经纪律，浪费国家资财；

（十）滥用职权，侵害公民、法人或者其他组织的合法权益；

（十一）泄露国家秘密或者工作秘密；

（十二）在对外交往中损害国家荣誉和利益；

（十三）参与或者支持色情、吸毒、赌博、迷信等活动；

（十四）违反职业道德、社会公德和家庭美德；

（十五）违反有关规定参与禁止的网络传播行为或者网络活动；

（十六）违反有关规定从事或者参与营利性活动，在企业或者其他营利性组织中兼任职务；

（十七）旷工或者因公外出、请假期满无正当理由逾期不归；

（十八）违纪违法的其他行为。

第六十条 公务员执行公务时，认为上级的决定或者命令有错误的，可以向上级提出改正或者撤销该决定或者命令的意见；上级不改变该决定或者命令，或者要求立即执行的，公务员应当执行该决定或者命令，执行的后果由上级负责，公务员不承担责任；但是，公务员执行明显违法的决定或者命令的，应当依法承担相应的责任。

第六十一条 公务员因违纪违法应当承担纪律责任的，依照本法给予处分或者由监察机关依法给予政务处分；违纪违法行为情节轻微，经批评教育后改正的，可以免予处分。

对同一违纪违法行为，监察机关已经作出政务处分决定的，公务员所在机关不再给予处分。

第六十二条 处分分为：警告、记过、记大过、降级、撤职、开除。

第六十三条 对公务员的处分，应当事实清楚、证据确凿、定性准确、处理恰当、程序合法、手续完备。

公务员违纪违法的，应当由处分决定机关决定对公务员违纪违法的情况进行调查，并将调查认定的事实以及拟给予处分的依据告知公务员本人。公务员有权进行陈述和申辩；处分决定机关不得因公务员申辩而加重处分。

处分决定机关认为对公务员应当给予处分的，应当在规定的期限内，按照管理权限和规定的程序作出处分决定。处分决定应当以书面形式通知公务员本人。

第六十四条 公务员在受处分期间不得晋升职务、职级和级别，其中受记过、记大过、降级、撤职处分的，不得晋升工资档次。

受处分的期间为：警告，六个月；记过，十二个月；记大过，十八个月；降级、撤职，二十四个月。

受撤职处分的，按照规定降低级别。

第六十五条　公务员受开除以外的处分，在受处分期间有悔改表现，并且没有再发生违纪违法行为的，处分期满后自动解除。

解除处分后，晋升工资档次、级别和职务、职级不再受原处分的影响。但是，解除降级、撤职处分的，不视为恢复原级别、原职务、原职级。

第十章　培　训

第六十六条　机关根据公务员工作职责的要求和提高公务员素质的需要，对公务员进行分类分级培训。

国家建立专门的公务员培训机构。机关根据需要也可以委托其他培训机构承担公务员培训任务。

第六十七条　机关对新录用人员应当在试用期内进行初任培训；对晋升领导职务的公务员应当在任职前或者任职后一年内进行任职培训；对从事专项工作的公务员应当进行专门业务培训；对全体公务员应当进行提高政治素质和工作能力、更新知识的在职培训，其中对专业技术类公务员应当进行专业技术培训。

国家有计划地加强对优秀年轻公务员的培训。

第六十八条　公务员的培训实行登记管理。

公务员参加培训的时间由公务员主管部门按照本法第六十七条规定的培训要求予以确定。

公务员培训情况、学习成绩作为公务员考核的内容和任职、晋升的依据之一。

第十一章　交流与回避

第六十九条　国家实行公务员交流制度。

公务员可以在公务员和参照本法管理的工作人员队伍内部交流，也可以与国有企业和不参照本法管理的事业单位中从事公务的人员交流。

交流的方式包括调任、转任。

第七十条 国有企业、高等院校和科研院所以及其他不参照本法管理的事业单位中从事公务的人员，可以调入机关担任领导职务或者四级调研员以上及其他相当层次的职级。

调任人选应当具备本法第十三条规定的条件和拟任职位所要求的资格条件，并不得有本法第二十六条规定的情形。调任机关应当根据上述规定，对调任人选进行严格考察，并按照管理权限审批，必要时可以对调任人选进行考试。

第七十一条 公务员在不同职位之间转任应当具备拟任职位所要求的资格条件，在规定的编制限额和职数内进行。

对省部级正职以下的领导成员应当有计划、有重点地实行跨地区、跨部门转任。

对担任机关内设机构领导职务和其他工作性质特殊的公务员，应当有计划地在本机关内转任。

上级机关应当注重从基层机关公开遴选公务员。

第七十二条 根据工作需要，机关可以采取挂职方式选派公务员承担重大工程、重大项目、重点任务或者其他专项工作。

公务员在挂职期间，不改变与原机关的人事关系。

第七十三条 公务员应当服从机关的交流决定。

公务员本人申请交流的，按照管理权限审批。

第七十四条 公务员之间有夫妻关系、直系血亲关系、三代以内旁系血亲关系以及近姻亲关系的，不得在同一机关双方直接隶属于同一领导人员的职位或者有直接上下级领导关系的职位工作，也不得在其中一方担任领导职务的机关从事组织、人事、纪检、监察、审计和财务工作。

公务员不得在其配偶、子女及其配偶经营的企业、营利性组织的行业监管或者主管部门担任领导成员。

因地域或者工作性质特殊，需要变通执行任职回避的，由省级以上公务员主管部门规定。

第七十五条 公务员担任乡级机关、县级机关、设区的市级机关及其有关部门主要领导职务的，应当按照有关规定实行地域回避。

第七十六条 公务员执行公务时，有下列情形之一的，应当回避：

（一）涉及本人利害关系的；

（二）涉及与本人有本法第七十四条第一款所列亲属关系人员的利害关系的；

（三）其他可能影响公正执行公务的。

第七十七条 公务员有应当回避情形的，本人应当申请回避；利害关系人有权申请公务员回避。其他人员可以向机关提供公务员需要回避的情况。

机关根据公务员本人或者利害关系人的申请，经审查后作出是否回避的决定，也可以不经申请直接作出回避决定。

第七十八条 法律对公务员回避另有规定的，从其规定。

第十二章 工资、福利与保险

第七十九条 公务员实行国家统一规定的工资制度。

公务员工资制度贯彻按劳分配的原则，体现工作职责、工作能力、工作实绩、资历等因素，保持不同领导职务、职级、级别之间的合理工资差距。

国家建立公务员工资的正常增长机制。

第八十条 公务员工资包括基本工资、津贴、补贴和奖金。

公务员按照国家规定享受地区附加津贴、艰苦边远地区津贴、岗位津贴等津贴。

公务员按照国家规定享受住房、医疗等补贴、补助。

公务员在定期考核中被确定为优秀、称职的，按照国家规定享受年终奖金。

公务员工资应当按时足额发放。

第八十一条 公务员的工资水平应当与国民经济发展相协调、与社会进步相适应。

国家实行工资调查制度，定期进行公务员和企业相当人员工资水平的调查比较，并将工资调查比较结果作为调整公务员工资水平的依据。

第八十二条 公务员按照国家规定享受福利待遇。国家根据经济社会发展水平提高公务员的福利待遇。

公务员执行国家规定的工时制度，按照国家规定享受休假。公务员在法定工作日之外加班的，应当给予相应的补休，不能补休的按照国家规定给予补助。

第八十三条 公务员依法参加社会保险，按照国家规定享受保险待遇。

公务员因公牺牲或者病故的，其亲属享受国家规定的抚恤和优待。

第八十四条 任何机关不得违反国家规定自行更改公务员工资、福利、保险政策，擅自提高或者降低公务员的工资、福利、保险待遇。任何机关不得扣减或者拖欠公务员的工资。

第十三章 辞职与辞退

第八十五条 公务员辞去公职，应当向任免机关提出书面申请。任免机关应当自接到申请之日起三十日内予以审批，其中对领导成员辞去公职的申请，应当自接到申请之日起九十日内予以审批。

第八十六条 公务员有下列情形之一的，不得辞去公职：

（一）未满国家规定的最低服务年限的；

（二）在涉及国家秘密等特殊职位任职或者离开上述职位不满国家规定的脱密期限的；

（三）重要公务尚未处理完毕，且须由本人继续处理的；

（四）正在接受审计、纪律审查、监察调查，或者涉嫌犯罪，司法程序尚未终结的；

（五）法律、行政法规规定的其他不得辞去公职的情形。

第八十七条 担任领导职务的公务员，因工作变动依照法律规定需要辞去现任职务的，应当履行辞职手续。

担任领导职务的公务员，因个人或者其他原因，可以自愿提出辞去领导职务。

领导成员因工作严重失误、失职造成重大损失或者恶劣社会影响的，或者对重大事故负有领导责任的，应当引咎辞去领导职务。

领导成员因其他原因不再适合担任现任领导职务的，或者应当引咎辞职本人不提出辞职的，应当责令其辞去领导职务。

第八十八条 公务员有下列情形之一的，予以辞退：

（一）在年度考核中，连续两年被确定为不称职的；

（二）不胜任现职工作，又不接受其他安排的；

（三）因所在机关调整、撤销、合并或者缩减编制员额需要调整工作，本人拒绝合理安排的；

（四）不履行公务员义务，不遵守法律和公务员纪律，经教育仍无转变，不适合继续在机关工作，又不宜给予开除处分的；

（五）旷工或者因公外出、请假期满无正当理由逾期不归连续超过十五天，或者一年内累计超过三十天的。

第八十九条 对有下列情形之一的公务员，不得辞退：

（一）因公致残，被确认丧失或者部分丧失工作能力的；

（二）患病或者负伤，在规定的医疗期内的；

（三）女性公务员在孕期、产假、哺乳期内的；

（四）法律、行政法规规定的其他不得辞退的情形。

第九十条 辞退公务员，按照管理权限决定。辞退决定应当以书面形式通知被辞退的公务员，并应当告知辞退依据和理由。

被辞退的公务员，可以领取辞退费或者根据国家有关规定享受失业保险。

第九十一条 公务员辞职或者被辞退，离职前应当办理公务交接手续，必要时按照规定接受审计。

第十四章 退 休

第九十二条 公务员达到国家规定的退休年龄或者完全丧失工作能力的，应当退休。

第九十三条 公务员符合下列条件之一的，本人自愿提出申请，经任免机关批准，可以提前退休：

（一）工作年限满三十年的；

（二）距国家规定的退休年龄不足五年，且工作年限满二十年的；

（三）符合国家规定的可以提前退休的其他情形的。

第九十四条 公务员退休后，享受国家规定的养老金和其他待遇，国家为其生活和健康提供必要的服务和帮助，鼓励发挥个人专长，参与社会发展。

第十五章 申诉与控告

第九十五条 公务员对涉及本人的下列人事处理不服的，可以自知道该人事处理之日起三十日内向原处理机关申请复核；对复核结果不服的，可以自接到复核决定之日起十五日内，按照规定向同级公务员主管部门或者作出该人事处理的机关的上一级机关提出申诉；也可以不经复核，自知道该人事处理之日起三十日内直接提出申诉：

（一）处分；

（二）辞退或者取消录用；

（三）降职；

（四）定期考核定为不称职；

（五）免职；

（六）申请辞职、提前退休未予批准；

（七）不按照规定确定或者扣减工资、福利、保险待遇；

（八）法律、法规规定可以申诉的其他情形。

对省级以下机关作出的申诉处理决定不服的，可以向作出处理决定的上一级机关提出再申诉。

受理公务员申诉的机关应当组成公务员申诉公正委员会，负责受理和审理公务员的申诉案件。

公务员对监察机关作出的涉及本人的处理决定不服向监察机关申请复审、复核的，按照有关规定办理。

第九十六条　原处理机关应当自接到复核申请书后的三十日内作出复核决定，并以书面形式告知申请人。受理公务员申诉的机关应当自受理之日起六十日内作出处理决定；案情复杂的，可以适当延长，但是延长时间不得超过三十日。

复核、申诉期间不停止人事处理的执行。

公务员不因申请复核、提出申诉而被加重处理。

第九十七条　公务员申诉的受理机关审查认定人事处理有错误的，原处理机关应当及时予以纠正。

第九十八条　公务员认为机关及其领导人员侵犯其合法权益的，可以依法向上级机关或者监察机关提出控告。受理控告的机关应当按照规定及时处理。

第九十九条　公务员提出申诉、控告，应当尊重事实，不得捏造事实，诬告、陷害他人。对捏造事实，诬告、陷害他人的，依法追究法律责任。

第十六章　职位聘任

第一百条　机关根据工作需要，经省级以上公务员主管部门批准，可以对专业性较强的职位和辅助性职位实行聘任制。

前款所列职位涉及国家秘密的，不实行聘任制。

第一百零一条 机关聘任公务员可以参照公务员考试录用的程序进行公开招聘，也可以从符合条件的人员中直接选聘。

机关聘任公务员应当在规定的编制限额和工资经费限额内进行。

第一百零二条 机关聘任公务员，应当按照平等自愿、协商一致的原则，签订书面的聘任合同，确定机关与所聘公务员双方的权利、义务。聘任合同经双方协商一致可以变更或者解除。

聘任合同的签订、变更或者解除，应当报同级公务员主管部门备案。

第一百零三条 聘任合同应当具备合同期限，职位及其职责要求，工资、福利、保险待遇，违约责任等条款。

聘任合同期限为一年至五年。聘任合同可以约定试用期，试用期为一个月至十二个月。

聘任制公务员实行协议工资制，具体办法由中央公务员主管部门规定。

第一百零四条 机关依据本法和聘任合同对所聘公务员进行管理。

第一百零五条 聘任制公务员与所在机关之间因履行聘任合同发生争议的，可以自争议发生之日起六十日内申请仲裁。

省级以上公务员主管部门根据需要设立人事争议仲裁委员会，受理仲裁申请。人事争议仲裁委员会由公务员主管部门的代表、聘用机关的代表、聘任制公务员的代表以及法律专家组成。

当事人对仲裁裁决不服的，可以自接到仲裁裁决书之日起十五日内向人民法院提起诉讼。仲裁裁决生效后，一方当事人不履行的，另一方当事人可以申请人民法院执行。

第十七章　法律责任

第一百零六条 对有下列违反本法规定情形的，由县级以上领导机关或者公务员主管部门按照管理权限，区别不同情况，分别予以责令纠正或者宣布无效；对负有责任的领导人员和直接责任人员，根据情节轻重，给予批评教育、责令检查、诫勉、组织调整、处分；构成犯罪的，依法追究刑事责任：

（一）不按照编制限额、职数或者任职资格条件进行公务员录用、调任、转任、聘任和晋升的；

（二）不按照规定条件进行公务员奖惩、回避和办理退休的；

（三）不按照规定程序进行公务员录用、调任、转任、聘任、晋升以及考核、奖惩的；

（四）违反国家规定，更改公务员工资、福利、保险待遇标准的；

（五）在录用、公开遴选等工作中发生泄露试题、违反考场纪律以及其他严重影响公开、公正行为的；

（六）不按照规定受理和处理公务员申诉、控告的；

（七）违反本法规定的其他情形的。

第一百零七条　公务员辞去公职或者退休的，原系领导成员、县处级以上领导职务的公务员在离职三年内，其他公务员在离职两年内，不得到与原工作业务直接相关的企业或者其他营利性组织任职，不得从事与原工作业务直接相关的营利性活动。

公务员辞去公职或者退休后有违反前款规定行为的，由其原所在机关的同级公务员主管部门责令限期改正；逾期不改正的，由县级以上市场监管部门没收该人员从业期间的违法所得，责令接收单位将该人员予以清退，并根据情节轻重，对接收单位处以被处罚人员违法所得一倍以上五倍以下的罚款。

第一百零八条　公务员主管部门的工作人员，违反本法规定，滥用职权、玩忽职守、徇私舞弊，构成犯罪的，依法追究刑事责任；尚不构成犯罪的，给予处分或者由监察机关依法给予政务处分。

第一百零九条　在公务员录用、聘任等工作中，有隐瞒真实信息、弄虚作假、考试作弊、扰乱考试秩序等行为的，由公务员主管部门根据情节作出考试成绩无效、取消资格、限制报考等处理；情节严重的，依法追究法律责任。

第一百一十条 机关因错误的人事处理对公务员造成名誉损害的，应当赔礼道歉、恢复名誉、消除影响；造成经济损失的，应当依法给予赔偿。

第十八章 附 则

第一百一十一条 本法所称领导成员，是指机关的领导人员，不包括机关内设机构担任领导职务的人员。

第一百一十二条 法律、法规授权的具有公共事务管理职能的事业单位中除工勤人员以外的工作人员，经批准参照本法进行管理。

第一百一十三条 本法自 2019 年 6 月 1 日起施行。

后　记

十三届全国人大常委会第十九次会议审议通过的《政务处分法》，是继《监察法》之后，深化国家监察体制改革的又一重要制度成果，有利于强化对公职人员的全面监督，推动全面从严治党治吏。

《政务处分法》将法定的监察对象全面纳入处分范围，使政务处分匹配党纪处分、衔接刑事处罚，构筑起惩戒职务违法的严密法网。为体现政务处分事由法定的原则，《政务处分法》对现有关于处分的法律法规进行了归纳，从公务员法、法官法、检察官法和行政机关公务员处分条例等规定的违法情形中，提炼概括出适用政务处分的违法情形，做好法律法规之间的协调衔接，保证法律体系的内在一致性。另外，通过与党纪的衔接，发挥协调效应，将《中国共产党纪律处分条例》等党内法规关于违反纪律情形的具体规定，根据公职人员的特点有针对性地进行吸收和完善，形成与党纪处分相贯通的政务处分制度。对处分情形、处分后果等作出明确细致的规定，开列“负面清单”，在纪法贯通中体现严管厚爱，有利于提升监督效果，把制度优势转化为治理效能。

制定《政务处分法》，进一步明确了公职人员任免机关、单位的主体责任和监察机关的监督责任，强化日常监督，对有职务违法行为的公职人员，根据情节轻重依法给予处分，对情节轻微的，可以进行谈话提醒、批评教育、责令检查或者予以诫勉，有利于实现抓早抓小、防微杜渐，促进广大公职人员依法履职，秉公用权、廉洁从政从业、坚持道德操守。

本书是对《政务处分法》的全方位、深层次解读，具有较强的知识性、针对性、实用性和指导性。在编写过程中，参考了大量的文献资料，而且得到了业内专家、学者和同人的热情帮助，在此表示诚挚的感谢！书中不足之处，敬请专家学者和广大读者给予批评、指正。